Heinrich M. Robben

Naturrecht und Menschenrecht

EDITIONES SCHOLASTICAE

Heinrich M. Robben

Naturrecht und Menschenrecht

EDITIONES SCHOLASTICAE

Bibliographic information published by Deutsche Nationalbibliothek
The Deutsche Nationalbibliothek lists this publication in the Deutsche Nationalbibliographie; detailed bibliographic data is available in the Internet at http://dnb.ddb.de

Our books are distributed worldwide by

International Distribution

USA & Canada
Independent Publishers Group IPG
E-mail: orders@ipgbook.com
Tel: +1 800 888 4741
www.ipgbook.com

U.K., Europe, Asia and Africa
Eurospan
Gray's Inn House
127 Clerkenwell Road
London EC1R 5DB
info@eurospan.co.uk

53819 Neunkirchen-Seelscheid
www.editiones-scholasticae.de

ISBN 978-3-86838-289-1

2024

Printed on acid-free paper

Printed in Germany

Inhalt

Ansprache des Heiligen Vaters
Papst Benedikt XVI.
vor dem Deutschen Bundestag am 22. September 2011

Es ist mir Ehre und Freude, vor diesem Hohen Haus zu sprechen – vor dem Parlament meines deutschen Vaterlandes, das als demokratisch gewählte Volksvertretung hier zusammenkommt, um zum Wohl der Bundesrepublik Deutschland zu arbeiten. Dem Herrn Bundestagspräsidenten möchte ich für seine Einladung zu dieser Rede ebenso danken wie für die freundlichen Worte der Begrüßung und Wertschätzung, mit denen er mich empfangen hat. In dieser Stunde wende ich mich an Sie, verehrte Damen und Herren – gewiß auch als Landsmann, der sich lebenslang seiner Herkunft verbunden weiß und die Geschicke der deutschen Heimat mit Anteilnahme verfolgt. Aber die Einladung zu dieser Rede gilt mir als Papst, als Bischof von Rom, der die oberste Verantwortung für die katholische Christenheit trägt. Sie anerkennen damit die Rolle, die dem Heiligen Stuhl als Partner innerhalb der Völker- und Staatengemeinschaft zukommt. Von dieser meiner internationalen Verantwortung her möchte ich Ihnen einige Gedanken über die Grundlagen des freiheitlichen Rechtsstaats vorlegen.

Lassen Sie mich meine Überlegungen über die Grundlagen des Rechts mit einer kleinen Geschichte aus der Heiligen Schrift beginnen. Im ersten Buch der Könige wird erzählt, daß Gott dem jungen König Salomon bei seiner Thronbesteigung eine Bitte freistellte. Was wird sich der junge Herrscher in diesem wichtigen Augenblick erbitten? Erfolg – Reichtum – langes Leben – Vernichtung der Feinde? Nicht um diese Dinge bittet er. Er bittet: „*Verleih deinem Knecht ein hörendes Herz, damit er dein Volk zu regieren und das Gute vom Bösen zu unterscheiden versteht*" (1 Kön 3,9). Die Bibel will uns mit dieser Erzählung sagen, worauf es für einen Politiker letztlich ankommen muß. Sein letzter Maßstab und der Grund für seine Arbeit als Politiker darf nicht der Erfolg und schon gar nicht materieller Gewinn sein. Die Politik muß Mühen um Gerechtigkeit sein und so die Grundvoraussetzung für Friede schaffen. Natürlich wird ein Politiker den Erfolg suchen, der ihm überhaupt die Möglichkeit politischer Gestaltung eröffnet. Aber der Erfolg ist dem Maßstab der Gerechtigkeit, dem

Willen zum Recht und dem Verstehen für das Recht untergeordnet. Erfolg kann auch Verführung sein und kann so den Weg auftun für die Verfälschung des Rechts, für die Zerstörung der Gerechtigkeit. *„Nimm das Recht weg – was ist dann ein Staat noch anderes als eine große Räuberbande"*, hat der heilige Augustinus einmal gesagt. Wir Deutsche wissen es aus eigener Erfahrung, daß diese Worte nicht ein leeres Schreckgespenst sind. Wir haben erlebt, daß Macht von Recht getrennt wurde, daß Macht gegen Recht stand, das Recht zertreten hat und daß der Staat zum Instrument der Rechtszerstörung wurde – zu einer sehr gut organisierten Räuberbande, die die ganze Welt bedrohen und an den Rand des Abgrunds treiben konnte. Dem Recht zu dienen und der Herrschaft des Unrechts zu wehren ist und bleibt die grundlegende Aufgabe des Politikers. In einer historischen Stunde, in der dem Menschen Macht zugefallen ist, die bisher nicht vorstellbar war, wird diese Aufgabe besonders dringlich. Der Mensch kann die Welt zerstören. Er kann sich selbst manipulieren. Er kann sozusagen Menschen machen und Menschen vom Menschsein ausschließen. Wie erkennen wir, was recht ist? Wie können wir zwischen Gut und Böse, zwischen wahrem Recht und Scheinrecht unterscheiden? Die salomonische Bitte bleibt die entscheidende Frage, vor der der Politiker und die Politik auch heute stehen.

In einem Großteil der rechtlich zu regelnden Materien kann die Mehrheit ein genügendes Kriterium sein. Aber daß in den Grundfragen des Rechts, in denen es um die Würde des Menschen und der Menschheit geht, das Mehrheitsprinzip nicht ausreicht, ist offenkundig: Jeder Verantwortliche muß sich bei der Rechtsbildung die Kriterien seiner Orientierung suchen. Im 3. Jahrhundert hat der große Theologe Origenes den Widerstand der Christen gegen bestimmte geltende Rechtsordnungen so begründet: *„Wenn jemand sich bei den Skythen befände, die gottlose Gesetze haben, und gezwungen wäre, bei ihnen zu leben ..., dann würde er wohl sehr vernünftig handeln, wenn er im Namen des Gesetzes der Wahrheit, das bei den Skythen ja Gesetzwidrigkeit ist, zusammen mit Gleichgesinnten auch entgegen der bei jenen bestehenden Ordnung Vereinigungen bilden würde ..."*

Von dieser Überzeugung her haben die Widerstandskämpfer gegen das Naziregime und gegen andere totalitäre Regime gehandelt und so dem Recht und der Menschheit als ganzer einen Dienst erwiesen. Für diese Menschen war es unbestreitbar evident, daß geltendes Recht in Wirklichkeit Unrecht war. Aber bei den Entscheidungen eines demokratischen Politikers ist die Frage, was nun dem Gesetz der Wahrheit entspreche, was wahrhaft recht sei und Gesetz werden könne, nicht ebenso evident. Was in bezug auf die grundlegenden anthropologischen Fragen das Rechte ist und geltendes Recht werden kann, liegt heute keineswegs einfach zutage. Die Frage, wie man das wahrhaft Rechte erkennen und so der Gerechtigkeit in der Gesetzgebung dienen kann, war nie einfach zu beantworten, und sie ist heute in der Fülle unseres Wissens und unseres Könnens noch sehr viel schwieriger geworden.

Wie erkennt man, was recht ist? In der Geschichte sind Rechtsordnungen fast durchgehend religiös begründet worden: Vom Blick auf die Gottheit her wird entschieden, was unter Menschen rechtens ist. Im Gegensatz zu anderen großen Religionen hat das Christentum dem Staat und der Gesellschaft nie ein Offenbarungsrecht, eine Rechtsordnung aus Offenbarung vorgegeben. Es hat stattdessen auf Natur und Vernunft als die wahren Rechtsquellen verwiesen – auf den Zusammenklang von objektiver und subjektiver Vernunft, der freilich das Gegründetsein beider Sphären in der schöpferischen Vernunft Gottes voraussetzt. Die christlichen Theologen haben sich damit einer philosophischen und juristischen Bewegung angeschlossen, die sich seit dem 2. Jahrhundert v. Chr. gebildet hatte. In der ersten Hälfte des 2. vorchristlichen Jahrhunderts kam es zu einer Begegnung zwischen dem von stoischen Philosophen entwickelten sozialen Naturrecht und verantwortlichen Lehrern des römischen Rechts. In dieser Berührung ist die abendländische Rechtskultur geboren worden, die für die Rechtskultur der Menschheit von entscheidender Bedeutung war und ist. Von dieser vorchristlichen Verbindung von Recht und Philosophie geht der Weg über das christliche Mittelalter in die Rechtsentfaltung der Aufklärungszeit bis hin zur Erklärung der Menschenrechte und bis zu unserem deutschen Grundgesetz, mit dem sich unser Volk 1949 zu den *„unverletzlichen und unveräußerlichen Menschenrechten als Grundlage jeder menschlichen Gemeinschaft, des Friedens und der Gerechtigkeit in der Welt“* bekannt hat.
Für die Entwicklung des Rechts und für die Entwicklung der Humanität war es entscheidend, daß sich die christlichen Theologen gegen das vom Götterglauben geforderte religiöse Recht auf die Seite der Philosophie gestellt, Vernunft und Natur in ihrem Zueinander als die für alle gültige Rechtsquelle anerkannt haben. Diesen Entscheid hatte schon Paulus im Brief an die Römer vollzogen, wenn er sagt: *„Wenn Heiden, die das Gesetz*

(die Tora Israels) nicht haben, von Natur aus das tun, was im Gesetz gefordert ist, so sind sie... sich selbst Gesetz. Sie zeigen damit, daß ihnen die Forderung des Gesetzes ins Herz geschrieben ist; ihr Gewissen legt Zeugnis davon ab..." (Röm 2,14f). Hier erscheinen die beiden Grundbegriffe Natur und Gewissen, wobei Gewissen nichts anderes ist als das hörende Herz Salomons, als die der Sprache des Seins geöffnete Vernunft. Wenn damit bis in die Zeit der Aufklärung, der Menschenrechtserklärung nach dem Zweiten Weltkrieg und in der Gestaltung unseres Grundgesetzes die Frage nach den Grundlagen der Gesetzgebung geklärt schien, so hat sich im letzten halben Jahrhundert eine dramatische Veränderung der Situation zugetragen. Der Gedanke des Naturrechts gilt heute als eine katholische Sonderlehre, über die außerhalb des katholischen Raums zu diskutieren nicht lohnen würde, so daß man sich schon beinahe schämt, das Wort überhaupt zu erwähnen. Ich möchte kurz andeuten, wieso diese Situation entstanden ist. Grundlegend ist zunächst die These, daß zwischen Sein und Sollen ein unüberbrückbarer Graben bestehe. Aus Sein könne kein Sollen folgen, weil es sich da um zwei völlig verschiedene Bereiche handle. Der Grund dafür ist das inzwischen fast allgemein angenommene positivistische Verständnis von Natur und Vernunft. Wenn man die Natur – mit den Worten von H. Kelsen – als *„ein Aggregat von als Ursache und Wirkung miteinander verbundenen Seinstatsachen"* ansieht, dann kann aus ihr in der Tat keine irgendwie geartete ethische Weisung hervorgehen. Ein positivistischer Naturbegriff, der die Natur rein funktional versteht, so wie die Naturwissenschaft sie erklärt, kann keine Brücke zu Ethos und Recht herstellen, sondern wiederum nur funktionale Antworten hervorrufen. Das gleiche gilt aber auch für die Vernunft in einem positivistischen, weithin als allein wissenschaftlich angesehenen Verständnis. Was nicht verifizierbar oder falsifizierbar ist, gehört danach nicht in den Bereich der Vernunft im strengen Sinn. Deshalb müssen Ethos und Religion dem Raum des Subjektiven zugewiesen werden und fallen aus dem Bereich der Vernunft im strengen Sinn des Wortes heraus. Wo die alleinige Herrschaft der positivistischen Vernunft gilt – und das ist in unserem öffentlichen Bewußtsein weithin der Fall –, da sind die klassischen Erkenntnisquellen für Ethos und Recht außer Kraft gesetzt. Dies ist eine dramatische Situation, die alle angeht und über die eine öffentliche Diskussion notwendig ist, zu der dringend einzuladen eine wesentliche Absicht dieser Rede ist.

Das positivistische Konzept von Natur und Vernunft, die positivistische Weltsicht als Ganzes ist ein großartiger Teil menschlichen Erkennens und menschlichen Könnens, auf die wir keinesfalls verzichten dürfen. Aber es ist nicht selbst als Ganzes eine dem Menschsein in seiner Weite entsprechende und genügende Kultur. Wo die positivistische Vernunft sich allein als die genügende Kultur ansieht und alle anderen kulturellen Realitäten in den Status der Subkultur verbannt, da verkleinert sie den Menschen, ja sie bedroht seine Menschlichkeit. Ich sage das gerade im Hinblick auf Europa, in dem weite Kreise versuchen, nur den Positivismus als gemeinsame Kultur und als gemeinsame Grundlage für die Rechtsbildung anzuerkennen, alle übrigen Einsichten und Werte unserer Kultur in den Status einer Subkultur verwiesen und damit Europa gegenüber den anderen Kulturen der Welt in einen Status der Kulturlosigkeit gerückt und zugleich extremistische und radikale Strömungen herausgefordert werden. Die sich exklusiv gebende positivistische Vernunft, die über das Funktionieren hinaus nichts wahrnehmen kann, gleicht den Betonbauten ohne Fenster, in denen wir uns Klima und Licht selber geben, beides nicht mehr aus der weiten Welt Gottes beziehen wollen. Und dabei können wir uns doch nicht verbergen, daß wir in dieser selbstgemachten Welt im stillen doch aus den Vorräten Gottes schöpfen, die wir zu unseren Produkten umgestalten. Die Fenster müssen wieder aufgerissen werden, wir müssen wieder die Weite der Welt, den Himmel und die Erde sehen und all dies recht zu gebrauchen lernen.

Aber wie geht das? Wie finden wir in die Weite, ins Ganze? Wie kann die Vernunft wieder ihre Größe finden, ohne ins Irrationale abzugleiten? Wie kann die Natur wieder in ihrer wahren Tiefe, in ihrem Anspruch und mit ihrer Weisung erscheinen? Ich erinnere an einen Vorgang in der jüngeren politischen Geschichte, in der Hoffnung, nicht allzusehr mißverstanden zu werden und nicht zu viele einseitige Polemiken hervorzurufen. Ich würde sagen, daß das Auftreten der ökologischen Bewegung in der deutschen Politik seit den 70er Jahren zwar wohl nicht Fenster aufgerissen hat, aber ein Schrei nach frischer Luft gewesen ist und bleibt, den man nicht überhören darf und nicht beiseite schieben kann, weil man zu viel Irrationales darin findet. Jungen Menschen war bewußt geworden, daß irgend etwas in unserem Umgang mit der Natur nicht stimmt. Daß Materie nicht nur Material für unser Machen ist, sondern daß die Erde selbst ihre Würde in sich trägt und wir ihrer Weisung folgen müssen. Es ist wohl klar, daß ich hier nicht Propaganda für eine bestimmte politische Partei mache – nichts liegt mir ferner als dies. Wenn in unserem Umgang mit der Wirklichkeit etwas nicht stimmt, dann müssen wir alle ernstlich über das Ganze nachdenken und sind alle auf die Frage nach den Grundlagen unserer Kultur überhaupt verwiesen. Erlauben Sie mir, bitte, daß ich noch einen Augenblick bei diesem Punkt bleibe. Die Bedeutung der Ökologie ist inzwischen unbestritten. Wir müssen auf die Sprache der Natur hören und entsprechend antworten. Ich möchte aber nachdrücklich einen Punkt noch ansprechen, der nach wie vor weitgehend ausgeklammert wird: Es gibt auch eine Ökologie des Menschen. Auch der Mensch hat eine Natur, die er achten muß und die er nicht beliebig manipulieren kann. Der Mensch ist nicht nur sich selbst machende Freiheit. Der Mensch macht sich nicht selbst. Er ist Geist und Wille, aber er ist auch Natur, und sein Wille ist dann recht, wenn er auf die Natur hört, sie achtet und sich annimmt als der, der er ist und der sich nicht selbst gemacht hat. Gerade so und nur so vollzieht sich wahre menschliche Freiheit.

Kehren wir zurück zu den Grundbegriffen Natur und Vernunft, von denen wir ausgegangen waren. Der große Theoretiker des Rechtspositivismus, Kelsen, hat im Alter von 84 Jahren – 1965 – den Dualismus von Sein und Sollen aufgegeben. Er hatte gesagt, daß Normen nur aus dem Willen kommen können. Die Natur könnte folglich Normen nur enthalten, wenn ein Wille diese Normen in sie hineingelegt hat. Dies wiederum würde einen Schöpfergott voraussetzen, dessen Wille in die Natur miteingegangen ist. „*Über die Wahrheit dieses Glaubens zu diskutieren, ist völlig aussichtslos*“, bemerkt er dazu. Wirklich? – möchte ich fragen. Ist es wirklich sinnlos zu bedenken, ob die objektive Vernunft, die sich in der Natur zeigt, nicht eine schöpferische Vernunft, einen *Creator Spiritus* voraussetzt?

An dieser Stelle müßte uns das kulturelle Erbe Europas zu Hilfe kommen. Von der Überzeugung eines Schöpfergottes her ist die Idee der Menschenrechte, die Idee der Gleichheit aller Menschen vor dem Recht, die Erkenntnis der Unantastbarkeit der Menschenwürde in jedem einzelnen Menschen und das Wissen um die Verantwortung der Menschen für ihr Handeln entwickelt worden. Diese Erkenntnisse der Vernunft bilden unser kulturelles Gedächtnis. Es zu ignorieren oder als bloße Vergangenheit zu betrachten, wäre eine Amputation unserer Kultur insgesamt und würde sie ihrer Ganzheit berauben. Die Kultur Europas ist aus der Begegnung von Jerusalem, Athen und Rom – aus der Begegnung zwischen dem Gottesglauben Israels, der philosophischen Vernunft der Griechen und dem Rechtsdenken Roms entstanden. Diese dreifache Begegnung bildet die innere Identität Europas. Sie hat im Bewußtsein der Verantwortung des Menschen vor Gott und in der Anerkenntnis der unantastbaren Würde des Menschen, eines jeden Menschen Maßstäbe des Rechts gesetzt, die zu verteidigen uns in unserer historischen Stunde aufgegeben ist.

Dem jungen König Salomon ist in der Stunde seiner Amtsübernahme eine Bitte freigestellt worden. Wie wäre es, wenn uns, den Gesetzgebern von heute, eine Bitte freigestellt wäre? Was würden wir erbitten? Ich denke, auch heute könnten wir letztlich nichts anderes wünschen als ein hörendes Herz – die Fähigkeit, Gut und Böse zu unterscheiden und so wahres Recht zu setzen, der Gerechtigkeit zu dienen und dem Frieden.
Vielen Dank für Ihre Aufmerksamkeit!

Naturrecht oder Menschenrechte?

Von DR. JAKOB CORNIDES, *Brüssel*

[Anmerkung des Autors: Ich habe den vorliegenden Aufsatz im Jahr 2011 verfasst; er erschien erstmals um die Jahreswende 2012/13 in zwei aufeinanderfolgenden Ausgaben der Zeitschrift ‚Una Voce Korrespondenz'. Die Bezüge auf „den gegenwärtigen Pontifikat" betreffen daher den Pontifikat Benedikts XVI. Auch die (insb. in den Fußnoten 35 bis 57 enthaltenen) Hinweise auf jüngere Entwicklungen in der Interpretation der Menschenrechte habe ich nicht auf den neuesten Stand gebracht; sie geben daher den Sachstand von 2011 wieder. Ein Update schien nicht notwendig, da es hier nur darum geht, eine allgemeine Tendenz aufzuzeigen, die sich zwischenzeitlich nicht verändert, sondern, trotz vereinzelt erfolgreicher Gegenwehr, insgesamt eher verstärkt hat.]

1. EINLEITUNG

Im Jahr 2006 hat die internationale Zeitschrift *Communio* einen Aufsatz von Karl Graf Ballestrem[1] veröffentlicht, der sich mit den Menschenrechten aus katholischer Sicht auseinandersetzte. Mit dem vorliegenden Beitrag möchte ich an die Gedanken dieses hochgeschätzten Gelehrten, dem ich bis zu seinem plötzlichen Tod im Mai 2007 in enger Freundschaft verbunden war, anknüpfen und sie weiterführen.

Ballestrem hat in seinem Aufsatz auf den scheinbaren Widerspruch zwischen heutigen kirchlichen Stellungnahmen zu den Menschenrechten und verschiedenen Äußerungen des Lehramtes aus dem 18. und 19. Jahrhundert hingewiesen. Für viele Katholiken, die sich einerseits ihrem Glauben, andererseits aber auch der Demokratie und den Menschenrechten verbunden fühlen, ist es überaus schmerzlich, dass die katholische Kirche in jenen vergangenen Jahrhunderten eher als Gegner denn als Förderer dieser heute so

1 Karl Graf Ballestrem, *Katholische Kirche und Menschenrechte*, Internationale Katholische Zeitschrift Communio, März/April 2006, S. 180ff.

selbstverständlichen Werte in Erscheinung getreten zu sein scheint. War dies nur ein kulturelles Missverständnis? Ballestrem dürfte es so gesehen haben:

„Dass die christlichen Kirchen, besonders die katholische Kirche, die modernen Menschenrechte lange Zeit mit Skepsis betrachteten, erklärt sich nicht nur aus den Erfahrungen mit der Französischen Revolution, sondern auch aus dem Entstehungskontext der Erklärungen von 1776 und 1789. Zu diesem Kontext gehört die Philosophie der Aufklärung, die zum großen Teil entschieden antichristlich war. Zum Umdenken der Kirche trug eine ganze Reihe verschiedener Faktoren bei, zum einen die Erfahrung der Kirchenverfolgung unter Nationalsozialismus und Kommunismus, zum anderen aber auch positive Erfahrungen, wie die von Jacques Maritain, der in Nordamerika eine ‚christliche Demokratie' kennenlernte und an der Vorbereitung der AEMR[2] beteiligt war. Dieses Umdenken war aber kein einfaches Umschwenken, sondern eine Besinnung auf die eigene Lehre und Tradition, die im Lichte moderner Erfahrungen neu gedeutet werden konnte. Wir haben es also nicht mit einer einfachen Übernahme der Idee allgemeiner Menschenrechte durch die Kirche zu tun, sondern mit ihrer christlichen Deutung und Begründung."

Die Menschenrechte entsprechen demnach der eigenen Lehre und Tradition der Kirche, die aber einer neuen Deutung unterzogen werden musste (– bedeutet dies, dass Lehre und Tradition vorher falsch gedeutet worden waren?). Nunmehr ist dieser Schritt vollzogen, und die Kirche kann, nachdem sie gewissermaßen alles das, was Aufklärung und Revolution an Neuem brachten, geprüft und das Gute behalten hat[3], an vorderster Stelle für die Menschenrechte streiten.

Ist also der Konflikt ein für allemal gelöst? Wird die Kirche nach ihrem ‚Umdenken' fürderhin getreulich auf dem Pfad der Tugend und der Menschenrechte wandeln? Oder haben sich nicht gerade in letzter Zeit einige Widersprüche aufgetan, die uns dazu zwingen, die Frage nach der Vereinbarkeit der Menschenrechte (bzw. dessen, was heute unter diesem Begriff verstanden wird) mit dem christlichen Weltbild von neuem zu stellen?

---

2 AEMR: Allgemeine Erklärung der Menschenrechte

3 Vgl. 1 Thess 5,21.

Diesen Fragen will ich im vorliegenden Aufsatz nachgehen.

2. Kirche und Menschenrechte heute: Zwischen Selbstanklage und Vereinnahmung

Das Verhältnis zwischen Kirche und Menschenrechten ist zweifellos auch heute noch von einer gewissen Ambivalenz geprägt. Einerseits ist festzustellen, dass ‚die Menschenrechte' heute auch von katholischen Funktionsträgern gelobt, für verbindlich erklärt, und zur Begründung eigener Standpunkte herangezogen werden. Beispielsweise wird unter Hinweis auf ‚die Menschenrechte' die Restitution oder der Neubau christlicher Kirchen in der Türkei, der Schutz christlicher Minderheiten im Irak, oder die Erteilung von Religionsunterricht an deutschen Schulen gefordert; auch die kirchliche Sozialarbeit und Entwicklungshilfe wird heutzutage, wie es scheint, oft eher im Namen der Menschenrechte als im Namen des Evangeliums geleistet. Andererseits wird, wie nicht zuletzt der Beitrag Ballestrems zeigt, das scheinbare ‚historische Versagen' in der Auseinandersetzung mit einer neuen, menschenfreundlichen Idee, die sich obendrein als politisch wirkmächtig erwiesen hat und die heute niemand mehr ernsthaft in Frage stellt, in einer Kirche, die sich zur Welt hin öffnen will, von vielen als peinlich empfunden. Soll man die historischen Tatsachen leugnen, oder sich für sie entschuldigen? Bereits vor dem großen Schuldbekenntnis, mit dem Papst Johannes Paul II. im Jubiläumsjahr 2000 ‚das Gedächtnis der Kirche reinigen wollte', haben sich Zerknirschung und Selbstkritik (oder besser gesagt: das Fremdschämen für vergangene Generationen) schon längst als Stilmittel der kirchlichen Kommunikation etabliert: In der Vergangenheit, so heißt es, sind viele Fehler geschehen, aber in Zukunft soll alles besser werden. Aus der Fülle einschlägiger Stellungnahmen greife ich ganz willkürlich zwei heraus, die, obzwar sie nicht von sehr maßgeblicher Stelle stammen, für diese neue Tendenz beispielhaft sind:

„Betroffen erinnert man sich als Katholik daran, daß die katholische Kirche im 18. und 19. Jahrhundert die Idee der Menschenrechte – ungeachtet ihrer zutiefst christlichen Wurzeln – als eine gefährliche Erfindung eines kirchenfeindlichen Liberalismus verworfen hat. Wie in so vielen Fra-

gen, brachte auch in dieser Frage das II. Vatikanische Konzil einen Durchbruch zu einem neuen Denken, das sich nicht an vermeintlichen kirchlichen Interessen, sondern am Evangelium orientiert.“ [4]

Das Bedauern und die Scham über die Zurückweisung der Menschenrechtsidee durch die Päpste des 19. Jahrhunderts wird bemerkenswerterweise sogleich mit dem Hinweis verbunden, dass diese Idee doch eigentlich eine Frucht christlicher Moral sei bzw. dass sie nur auf der Grundlage von tief in der Gesellschaft verwurzelten christlichen Moralvorstellungen habe entwickelt werden können; man versucht also, die Idee, die die Kirche (angeblich) vor hundert Jahren noch bekämpft hat, nunmehr für sie zu vereinnahmen. Die Wende zum Besseren bleibt allerdings unvollständig, solange sie nicht auch die Kirche selbst erfasst:

„Die katholische Kirche hat ihre historischen Fehler im Umgang mit den Menschenrechten zu untersuchen und sich dazu zu bekennen, daß sie Schuld auf sich geladen hat. Solange die Kirche aber gegenüber der Welt andere Werte vertritt, als sie selber praktiziert, wird ihr Glaubwürdigkeitsschwund sich erheblich verstärken.

Will die katholische Kirche (...) aus ihrer Krise herausfinden, wird sie verstärkt Menschenrechte und Menschenwürde in ihrem eigenen Wirkungsbereich wahrnehmen müssen. Dies auch als Grundlage für ihren Auftrag, sich kritisch und prophetisch in gesellschaftliche Vorgänge einzumischen. Die Achtung der Menschenrechte in der katholischen Kirche ist Voraussetzung für eine glaubwürdige Präsenz in der Welt. (...)

Als Zeichen seiner Anerkennung und Wertschätzung der Menschenrechte sollte der Heilige Stuhl sowohl die Allgemeine Erklärung der Menschenrechte als auch die Europäische Menschenrechtskonvention unterzeichnen.“ [5]

Solchen Aussagen scheint die Auffassung zugrunde zu liegen, dass der Grundkonsens der westlichen Gesellschaften, der in den

---

[4] Stellungnahme des seinerzeitigen Vorsitzenden der (österreichischen) Kommission Iustitia et Pax, Weihbischof Florian Kuntner (Wien), zum 40. Jahrestag der Proklamation der Allgemeinen Erklärung der Menschenrechte (1988)

[5] Gerhard Bittner, Präsident der (österreichischen) Kommission Iustitia et Pax, am 9. Dezember 1998 zum 50. Jahrestag der Proklamation der Allgemeinen Erklärung der Menschenrechte

modernen Vorstellungen von Demokratie und Menschenrechten seinen Ausdruck findet, als ein höchstes Gesetz anzusehen sei, dem auch die Kirche ihre Lehre unterordnen müsse. Dementsprechend werden die Menschenrechte auch als argumentative Grundlage für innerkirchliche Reformwünsche wie den Zugang von Frauen zum Priesteramt oder die Errichtung demokratischer Strukturen in der Kirche herangezogen:

„Die römisch-katholische Kirche ist aufgrund ihrer autoritären Herrschaftsstruktur ein Fremdkörper in der heutigen vom Gedanken der Demokratie geprägten Welt. (...) Wir fordern eine neue Kirchenordnung, die folgende Grundsätze berücksichtigt: (...) volle und gleichberechtigte Teilhabe der Frauen an allen Entscheidungsprozessen und Ämtern, (...) Einführung demokratisch-rechtsstaatlicher Strukturen, (...) Mitbestimmung der Gläubigen bei der Wahl und Ernennung der AmtsträgerInnen auf allen Ebenen, (...) gewählte Versammlungen.“ [6]

Das Ausbleiben solcher Reformen führt rasch zum Vorwurf, dass die Kirche heute zwar Lippenbekenntnisse zugunsten der Menschenrechte ablege, ohne aber *„an die Frage heranzugehen, wie in der Kirche selbst mit den Menschenrechten und der Umsetzung der Allgemeinen Erklärung der Menschenrechte umgegangen wird. Ohne Zweifel hat die katholische Kirche die Menschenrechtsfrage generell erst sehr spät zu würdigen begonnen, mit der Würdigung der Menschenrechte im innerkirchlichen Bereich hat sie vielfach noch nicht einmal angefangen.“* [7]

Wenn solche Verdächte bereits innerkirchlich geäußert werden, dann kann es nicht überraschen, dass die verspätete Hinwendung der Kirche zu den Menschenrechten auch außerhalb auf ein gewisses Misstrauen trifft. Als Beleg hierfür kann ein kürzlich in einer deutschen Fachzeitschrift erschienener Aufsatz dienen, dessen Autoren die rhetorische Frage stellen, ob der heutige Standpunkt der katholischen Kirche zu den Menschenrechten nicht als *‚Mimese‘* zu bezeichnen sei d.h. nicht als ernstgemeintes Engagement, sondern als Strategie zur Vermeidung öffentlicher Kritik oder ähnlicher Nachteile.

„‚Mimese‘ ist die ‚Nachahmung von belebten oder unbelebten Gegenständen durch Tiere [...], die die Tiere davor schützt, als Beute erkannt o-

---

[6] ‚Öffentliche Erklärung‘ der vom 10.–12.1.1992 in Chur zusammengetretenen ‚Europäischen Konferenz für Menschenrechte in der Kirche‘

[7] Bittner, op. cit.

der gefressen zu werden und [die] im Unterschied zu Mimikry nicht abschreckend wirkt'. Während der Begriff ,Mimese' somit eigentlich der Biologie entstammt, ist das damit beschriebene Verhalten auch in bezug auf die Gewährung von Menschenrechten nichts Ungewöhnliches: Gerade elementare Menschenrechte wie das Verbot willkürlicher Tötungen, Folter oder Sklaverei kann inzwischen kein Staat mehr mißachten, ohne wenigstens moralische Vorhaltungen fürchten zu müssen. Daher ist es üblich, daß auch die schlimmsten Menschenrechtsverletzer unter den Staaten zumindest auf dem Papier den entsprechenden Verpflichtungen zustimmen und Sorge dafür tragen, daß von ihrer anderweitigen Praxis nicht allzu viel bekannt wird. Die offizielle Zustimmung zu den Menschenrechten beruhigt die Staatengemeinschaft erst einmal und nährt das Vertrauen darin, daß es auch in der Praxis zu verpflichtungskonformem Verhalten kommt. Man könnte dieses Verhalten also durchaus als ,Anpassung an die Umgebung zum Schutz vor (Freß-)Feinden' bezeichnen. Auch die katholische Kirche erklärt inzwischen regelmäßig ihre Verbundenheit mit den Menschenrechten.“[8]

Man könnte sich an dieser Stelle fragen, ob die Bezeichnung als „(Freß-)Feinde“ gerade für eine Staatengemeinschaft, die sich den Menschenrechten verpflichtet weiß, wirklich angemessen ist, und ob diese Formulierung, die suggeriert, dass sich die Kirche vor den Hütern der Menschenrechte in Acht nehmen und sich ihnen anpassen müsse, nicht eine tiefere Einsicht in die heutige Situation bietet, als den Autoren selbst vielleicht bewusst ist. Freilich muss all diesen Vorwürfen und Verdächtigungen an allererster Stelle entgegnet werden, dass die Kirche in Wirklichkeit *nie* pauschal gegen ,die Menschenrechte', also gegen die Idee, dass jeder Mensch angeborene und unveräußerliche Rechte besitzt, Stellung bezogen hat. Im Gegenteil: gerade die Kirche war es, die die unveräußerlichen Rechte des Menschen immer wieder gegen die Übergriffe

---

[8] Judith Schmidt/Niels Rochlitzer: *Tradition oder Mimese? Die Katholische Kirche und die Menschenrechte*, MenschenRechtsMagazin 1/2006, S.47ff. So treffend die Autoren die Frage formuliert haben, so unbefriedigend fällt die Antwort aus, die sie darauf geben. Am Ende steht die Schlussfolgerung, eine derartige Mimese-Strategie dürfe der Kirche nicht unterstellt werden; wie die Autoren zu diesem Ergebnis gelangt sind, bleibt allerdings unklar, da der Beitrag nur einen historischen Abriss einschlägiger lehramtlicher Stellungnahmen enthält, diese jedoch keiner kritischen Würdigung unterzieht.

weltlicher Machthaber verteidigt hat.[9] Im Übrigen ist daran zu erinnern, dass der Begriff ‚Menschenrechte', obzwar er bereits seit der *Déclaration des droits de l'homme et du citoyen* geläufig war, bis weit in die Mitte des zwanzigsten Jahrhunderts hinein bei weitem nicht jene Rolle spielte, die ihm heute zukommt. Letztlich wurden ‚die Menschenrechte' erst durch die Allgemeine Erklärung der Menschenrechte (AEMR, 1948) und die sich seitdem stets vermehrende Zahl von regionalen und internationalen Menschenrechtskonventionen, die zur Überwachung dieser Konventionen eingerichteten Kontrollinstanzen, sowie durch einschlägige Konferenzen und die Tätigkeit verschiedener Nichtregierungsorganisationen zum Gemeinplatz. Das kirchliche Lehramt hat sich aber seit damals immer nur positiv über ‚die Menschenrechte' geäußert – insbesondere Papst Johannes XXIII., der in der Enzyklika *Pacem in terris* die AEMR als *„Akt von höchster Bedeutung"*[10] würdigte.

Wer nun jene Aussagen des Lehramtes, die von Karl Graf Ballestrem oder von Konrad Hilpert[11] als Belege für eine frühere Gegnerschaft der Kirche zu ‚den Menschenrechten' angeführt werden, betrachtet, der wird feststellen, dass diese Aussagen keineswegs (pauschal) ‚die Menschenrechte' betrafen, sondern nur einzelne Rechte oder, um bei der damaligen Terminologie zu bleiben, einzelne ‚Freiheiten'. Insbesondere betraf dies die Idee der Gewissensfreiheit, die z.B. von Papst Gregor XVI. eine *„törichte und falsche An-*

---

[9] Beispielsweise richteten sich solche Bemühungen gegen den (leider auch von katholischen Mächten betriebenen oder geduldeten) Sklavenhandel, der bereits von Papst Eugen IV. 1435 in seiner Bulle *Dudum nostras* verurteilt wurde; in weiterer Folge wurde dieses Verbot durch Papst Paul III. (Bulle *Veritas ipsa,* 1537), Papst Urban VIII. (Bulle *Commissum nobis,* 1639), Papst Benedikt XIV. (*Immensa pastorum,* 1741) und Papst Gregor XVI. (in seinem Apostolischen Brief *In supremo* gegen die Sklaverei in Afrika und Indien und gegen den Negerhandel 1839) bekräftigt. Man kann bedauern, dass diesem Urteil des kirchlichen Lehramts nicht sofort weltweit Folge geleistet wurde; wer den Päpsten deswegen jedoch vorwirft, dem Sklavenhandel untätig zugesehen oder ihn gar gutgeheißen zu haben, der könnte genauso gut die heutigen Päpste für das heute verbreitete Unrecht der Abtreibung verantwortlich machen.

[10] Johannes XXIII., Enzyklika *Pacem in Terris* (1963), 143

[11] Konrad Hilpert, *Die Anerkennung der Religionsfreiheit,* Stimmen der Zeit 12/ 2005, S. 809–819

sicht, die man besser als Wahnvorstellung bezeichnet“ [12] genannt wurde, und die Pressefreiheit (*„die von Grund auf schlechte, niemals ausreichend verurteilte, abscheuliche Freiheit der Buchdruckerkunst, alle möglichen Schriften unter das Volk zu bringen“*[13]). Die *„irrige Meinung, welche für die katholische Kirche und das Heil der Seelen im höchsten Grad zum Untergang führt, und zwar, die Gewissens- und Religionsfreiheit sei das eigene Recht eines jeden Menschen“*,[14] wurde 1864 von Pius IX. aufs neue verurteilt, ebenso wie die drei folgenden Sätze, die in den *Syllabus errorum* aufgenommen wurden:

„15. Es steht jedem Menschen frei, diejenige Religion anzunehmen und zu bekennen, die man, vom Lichte der Vernunft geführt, für wahr erachtet.“

„16. Die Menschen können im Kult jedweder Religion den Weg zum ewigen Heil finden und das ewige Heil erlangen.“

„77. In dieser unserer Zeit ist es nicht weiter dienlich, die katholische Religion als die einzige Staatsreligion zu haben und alle übrigen Formen der Gottesverehrung auszuschließen.“

„78. Es ist daher lobenswert, wenn in gewissen katholischen Ländern den Einwanderern gesetzlich die öffentliche Ausübung ihres Kultes garantiert wird.“

Dies alles mag heutigen Lesern sehr fremd und schockierend vorkommen. Und doch zeigen gerade diese Zitate, dass der pauschale Vorwurf einer (historischen) Gegnerschaft der Kirche zur Idee der Menschenrechte nicht zutrifft. Redlicherweise müssen solche Vorwürfe auf die Frage der Pressefreiheit und der Gewissens- bzw. Religionsfreiheit eingeschränkt werden, wobei sogleich auch festzuhalten ist, dass diese beiden Freiheiten auch nach unserem modernen Verständnis nicht einfach unbeschränkt gelten können: die Pressefreiheit ist beispielsweise durch das gesetzliche Verbot von Verleumdung, Kreditschädigung, übler Nachrede, irreführender Werbung etc., sowie ganz allgemein durch die zivilrechtliche Haftung für die Verbreitung von Fehlinformationen eingeschränkt; die Gewissensfreiheit steht zwar in allen Grundrechteka-

---

[12] Gregor XVI., Enzyklika *Mirari vos*, 15. August 1832

[13] Ibid.

[14] Pius IX., Enzyklika *Quanta cura*, 8. Dezember 1864

talogen, doch steht es, von wenigen Ausnahmen abgesehen[15], niemandem frei, unter Berufung auf ‚Gewissensgründe' die Einhaltung staatlicher Gesetze zu verweigern. Für die Religionsfreiheit gilt Ähnliches. Die zitierten Aussagen Gregors XVI. stehen also an sich nicht im direkten Widerspruch zur heutigen Menschenrechtsidee; die Frage ist nicht, ob den Freiheiten des Menschen Grenzen gesetzt werden müssen, sondern nur, *wo* diese Grenzen gezogen werden sollen.

Zu guter Letzt ist auch die Frage zu stellen, inwieweit die zitierten Aussagen überhaupt die öffentliche Ordnung, und inwieweit sie nur die Pflicht des einzelnen Christen zu einem Gott und der Kirche geschuldeten Glaubensgehorsam betreffen. Bei sorgfältiger Lektüre zeigt sich, dass die scheinbar anstoßerregenden Sätze aus dem Syllabus auch heute noch stehenbleiben können. Die Kirche hat sie nie zurückgenommen, und hatte auch keinen Grund dazu.

Zu Satz 15 ist festzustellen, dass er als juristische Aussage bereits zum Zeitpunkt seiner Veröffentlichung anachronistisch gewesen wäre, weil das Recht auf freie Religionswahl bereits damals in den meisten europäischen Ländern unbestritten war. Doch es geht um eine theologische Aussage: Der Glaube ist, obzwar vernunftge-

---

[15] Solche Ausnahmen betreffen einerseits die Wehrpflicht (wobei allerdings in einer Anzahl von Staaten das Recht, einen Wehrersatzdienst zu leisten, inzwischen überhaupt nicht mehr von der Geltendmachung wie immer gearteter Gewissensgründe abhängig gemacht wird), andererseits ethisch besonders umstrittene Handlungen wie (insbesondere) die Abtreibung. Von diesen wenigen Ausnahmen abgesehen fordert das staatliche Recht stets *unbedingten* Gehorsam. Gerade die positivrechtliche Normierung solcher „Gewissensklauseln" zeigt aber das Fehlen eines gesellschaftlichen Konsenses in wichtigen moralischen Fragen an. Die Gewissensklauseln sind dabei nicht so sehr als die notwendige Umsetzung einer grundrechtlich vorgegebenen Gewissensfreiheit zu sehen (ansonsten müsste man ja ebenso auch z.B. jedem Autolenker gestatten, so viel Alkohol und Drogen zu sich zu nehmen, bzw. so schnell zu fahren, wie er es mit seinem Gewissen vereinbaren kann...); vielmehr handelt es sich um politische Kompromisslösungen, die *nolens volens* auch gewisse Zweifel an der moralischen Richtigkeit gesetzgeberischer Entscheidungen in den Raum stellen: in der Gesetzesbestimmung, niemand dürfe zur Durchführung einer Abtreibung gezwungen werden, ist letztlich ein Werturteil über Abtreibungen enthalten.

mäß, nicht das Produkt menschlichen Denkens und Forschens, sondern die Antwort auf die Selbstoffenbarung Gottes. Die Zurückweisung dieser Gnade wäre aber verwerflich. Der Mensch ist insofern frei, als er die *Möglichkeit* hat, nicht zu glauben; das ändert aber nichts daran, dass ihn die Pflicht trifft, zu glauben.[16] Der Glaube ist kein bloßes intellektuelles Für-wahr-Halten, sondern ein Akt des Willens.

Satz 16 ist ebenfalls kein juristischer Satz, sondern eine Verurteilung des religiösen Indifferentismus. Die Religionen sind nicht alle gleich, sondern nur eine ist (nach Ansicht Pius' IX.) wahr, alle anderen falsch. Und wenn viele Zeitgenossen solchen ‚Wahrheitsansprüchen' kritisch gegenüberstehen, so sollten sie bedenken, was für eine seltsame Religion es wäre, die ihre eigene Lehre nicht für wahr hielte. Der Wahrheitsanspruch ist das Merkmal *jeder* Religion; wer Wahrheitsansprüche grundsätzlich ablehnt, ist in Wirklichkeit nicht für, sondern gegen die Religionsfreiheit.

Unbestrittenermaßen enthält jedoch der dritte der hier wiedergegebenen Sätze aus dem Syllabus, nämlich Satz 77, eine politische Aussage: Eine Rolle der katholischen Religion als Staatsreligion ist erstrebenswert; deshalb müssen katholische Politiker und Wähler danach streben, dass diese Rolle anerkannt oder (wo sie schon besteht) beibehalten werde.[17]

Ein Widerspruch zu heutigen Menschenrechten ergibt sich aus alledem noch nicht, oder wenigstens nicht notwendigerweise, denn Religionsfreiheit und das Bestehen einer Staatsreligion sind keine logischen Gegensätze. Es bleibt letztlich nur Satz 78, der es verur-

---

16 Sehr treffend formuliert Romano Amerio (Stat Veritas, Chiosa 14): „*La libertà religiosa non è ... la libertà dell'uomo di praticare la religione che vuole, ma è la facoltà dell'uomo di scegliere; e l'uomo deve scegliere secondo la verità. L'atto di fede è un atto libero, ma la libertà dell'atto di fede è ... legata all'obbligazione di fede. L'uomo ha il dovere di credere : il Signore questo lo ha predicato infinite volte e quelli che non credono sono colpevoli*".

17 Eine solche Rolle der katholischen Religion als Staatsreligion scheint freilich nur in solchen Ländern möglich, wo eine deutliche Mehrheit der Bevölkerung dem katholischen Glauben nicht nur anhängt, sondern ihn auch tatsächlich praktiziert. Zu Lebzeiten Pius' IX. war dies noch in vielen Ländern der Fall. Infolge der Erosion der Glaubenspraxis im Europa des ausgehenden zwanzigsten Jahrhunderts dürfte diese Frage heute höchstens noch (dies aber sehr wohl!) theoretischen Charakter haben.

teilt, dass Staaten anderen als der katholischen Religion im öffentlichen Bereich auch nur die Kultusfreiheit einräumen. Dieser Satz steht tatsächlich nicht nur zum heute vorherrschenden Menschenrechtsverständnis in einem nicht auflösbaren Widerspruch, sondern scheint auch mit den vom 2. Vatikanischen Konzil eingenommenen Positionen (dazu unten) nicht vereinbar. Hier ist ein Punkt erreicht, an dem unausweichlich ein Bruch zwischen heutigem und damaligem Standpunkt festgestellt werden muss, wobei sich allerdings die Frage stellt, ob es sich hier nicht eher um einen aus dem Kontext der Zeit zu begreifenden politischen Standpunkt als um eine Glaubensfrage handelte.

Der seinerzeitigen Lehre liegt evidentermaßen die Idealvorstellung eines Gleichklangs zwischen individuellen und kollektiven Glaubensüberzeugungen zugrunde, die merkwürdigerweise ein wenig an die bei Rousseau anzutreffenden Vorstellungen über eine *volonté générale* erinnern, der praktisch alle Bürger beipflichten, und der die wenigen Dissidenten sich unterzuordnen haben. Das Dilemma, das freilich religiöse wie nichtreligiöse Bürger gleichermaßen trifft, ist, dass dieser vermeintliche Idealzustand niemals eintritt. Es wird immer Bürger geben, deren moralisches Empfinden nicht mit den der positiven Rechtsordnung ihres Landes zugrundeliegenden Wertungen übereinstimmt, und die daher in Loyalitätskonflikte geraten. Dass ein Staat versucht, gegenüber solchen Bürgern sein gesatztes Recht durchzusetzen, ist vorherzusehen und im Grunde auch verständlich. Für den Christen hingegen wird in solchen Situationen immer die Lehre der Apostel gelten: *„Man muss Gott mehr gehorchen als den Menschen“*.[18] Doch auch für den Nichtgläubigen gilt Ähnliches: Den fröhlichen Rechtspositivismus eines Hans Kelsen wird er nur dann vertreten, wenn das positive Recht seinen Wünschen entspricht; ist dies aber nicht der Fall, dann rekurriert er, um seinen Gesetzesungehorsam zu rechtfertigen, zwar nicht auf Gottes Gebot, aber doch immerhin auf ‚Gewissensgründe‘. Fragt man ihn dann, ob es sich bei diesen Gewissensgründen um ein bloß subjektives Empfinden handelt, so wird er dies wohl verneinen und versuchen, die objektive Vernünftigkeit seines Gewissensurteils darzutun. Es besteht also Übereinstimmung darüber, dass staatliche Gesetze nicht bloß dem Mehrheits-

---

[18] Apg 5,29

willen, sondern einer der menschlichen Vernunft zugänglichen objektiven Gerechtigkeit entsprechen müssen; nur darüber, was diese objektive Gerechtigkeit konkret fordert, gibt es Meinungsunterschiede.

Die Unterschiede zwischen den Religionen, aber mehr noch die in unserer pluralistischen Gesellschaft immer weiter divergierenden subjektiven Moralvorstellungen kleiner Gruppen oder einzelner Personen lassen es freilich unmöglich erscheinen, innerhalb einer säkularen staatlichen Gesetzgebung absolute Religions- oder Gewissensfreiheit zu garantieren: Ein Staat, dessen Rechtsordnung allen Religionen gleichermaßen entgegenkommt, ohne jemals mit irgendeiner religiösen Norm und irgendeiner subjektiven Gewissensregung oder Moralvorstellung in Gegensatz zu geraten, ist schlechthin undenkbar. Denkbar ist nur ein *toleranter* Staat, d.h. ein Staat, der sich einerseits um eine der objektiven Vernunft nachvollziehbare Gerechtigkeit bemüht, aber zugleich innerhalb gewisser Grenzen abweichende Standpunkte und Handlungsprinzipien duldet, solange der öffentliche Friede dadurch nicht gefährdet wird. Vernünftigerweise werden Politiker und religiöse Hierarchien immer danach streben, Loyalitätskonflikte zu vermeiden oder zu entschärfen; sie ganz zu verhindern wird jedoch nicht immer möglich sein. Ist aber nicht der neutrale, sondern nur der tolerante Staat das Ziel, so stellt sich für einen Katholiken ganz legitimerweise die Frage, warum denn dieser tolerante Staat nicht katholisch sein sollte.

3. Dignitatis Humanae

Wenn der vielfach behauptete Konflikt zwischen der katholischen Kirche und den Menschenrechten in erster Linie die Frage der Religionsfreiheit betrifft, dann ist zweifellos die Konzilserklärung *Dignitatis Humanae* über die Religionsfreiheit die bedeutsamste und umfangreichste Aussage, die von der katholischen Kirche jemals zu einem Menschenrecht getroffen wurde. Und obzwar unklar erscheint, welcher Status dieser Erklärung innerhalb des katholischen Lehrgebäudes zukommt, ist sie in gewisser Hinsicht weit über die Grenzen der Kirche hinaus von großer Bedeutung. Eine der Hauptinspirationsquellen für das Dokument scheint die AEMR gewesen zu sein, deren Postulate von den Konzilsvätern aufgegriffen wurden, um sie für die Selbstpositionierung der Kirche in der modernen Gesellschaft fruchtbar zu machen: gewissermaßen hat damit die Terminologie der ‚Menschenrechte' Eingang in die katholische Dogmatik gefunden.[19] Doch der AEMR ist eine umfassende und abschließende Definition des Begriffes ‚Religionsfreiheit' nicht zu entnehmen; es ist nur ausgesagt, dass *„dieses Recht die Freiheit ein(schließt), seine Religion oder Überzeugung zu wechseln, sowie die Freiheit, seine Religion oder Weltanschauung allein oder in Gemeinschaft mit anderen, öffentlich oder privat durch Lehre, Ausübung, Gottesdienst und Kulthandlungen zu bekennen."*[20] Demgegenüber enthält *Dignitatis Humanae* eine sehr viel ausführlichere Beschreibung jener Rechte, die die Kirche seit jeher für sich selbst, nunmehr aber auch für alle anderen Religionsgemeinschaften einfordert. Die Erklärung ist eine in ihrem Umfang wie in ihrer gedanklichen Tiefe einzigartige Auseinandersetzung mit dem Thema der ‚Religionsfreiheit', wie sie bisher weder von der UNO oder dem Europarat, aber auch von keiner anderen Religions- oder Weltanschauungsgemeinschaft als der katholischen Kirche jemals versucht wurde. Damit ist ein Maßstab gesetzt worden: Wer heute wissen will, was genau unter ‚Religionsfreiheit' zu verstehen ist, muss in *Dignitatis Humanae* nachlesen.

Es handelt sich also keineswegs um das verspätete Nachvollziehen eines Schrittes, den andere schon längst getan hatten.

---

[19] In diesem Zusammenhang ist festzustellen, dass der Begriff ‚Religionsfreiheit' in *Dignitatis Humanae* ebenso wie in der AEMR ein vom Staat zu gewährleistendes Recht darstellt. Keineswegs ist damit gemeint, der Einzelne habe gegenüber Gott das Recht, nicht zu glauben oder ihn nicht zu verehren. Vielmehr ist der Mensch Gott gegenüber zum Glauben und zur Anbetung verpflichtet. Nicht zu glauben ist demnach ein *Unrecht*, doch soll der Glaube nicht mit den Mitteln der Staatsmacht durchgesetzt werden. In dem scheinbaren Paradox, dass der Unglaube zugleich (gegenüber Gott) ein Unrecht und (gegenüber der menschlichen Gemeinschaft) ein Recht sein soll, liegt wohl die Ursache für manche Schwierigkeiten bei der Rezeption des Konzilsdokuments.

[20] Vgl. Art. 18 der AEMR. Fast gleichlautend ist die Begriffsbestimmung in Art. 9 (1) der Europäischen Menschenrechtskonvention. Erst nach dem Konzil, nämlich 1966, wurde der Internationale Pakt über bürgerliche und politische Rechte (UN-Zivilpakt) abgeschlossen, deren in Art. 18 enthaltene Definition der Religionsfreiheit ihrerseits vom Konzilsdokument inspiriert zu sein scheint.

Vielmehr ist die katholische Kirche im Hinblick auf die Anerkennung der Religionsfreiheit in eine Art Vorreiterrolle geschlüpft; dies mag auch erklären, warum die Idee der Religionsfreiheit im einstmals christlichen Abendland viel stärker rezipiert wurde als in anderen Weltgegenden.[21]

Dass die Erklärung außerhalb der Kirche viel Beifall gefunden hat, darf ebenso als bekannt vorausgesetzt werden wie die Konflikte und Widersprüche, die sie innerhalb der Kirche ausgelöst hat. Dabei scheint zwischen Traditionalisten[22] und Neuerern[23] zumindest insofern Überein-stimmung zu bestehen, als beide Seiten die Anerkennung der Religionsfreiheit als einen revolutionären Bruch mit der überkommenen Lehre betrachten; der Unterschied liegt nur darin, dass die einen diesen Bruch radikal ablehnen, die anderen ihn enthusiastisch befürworten. Zwischen diesen Standpunkten gibt es auch eine vermittelnde Position, die man trotz der sehr überschaubaren Zahl ihrer Vertreter gerne als *mainstream* bezeichnen würde, weil sie der Sicht der Kirche auf sich selbst am ehesten zu entsprechen scheint: sie ist im Sinne einer Versöhnung zwischen Vergangenheit und Gegenwart darum bemüht, *Dignitatis Humanae* nicht als Änderung, sondern als Fortentwicklung der überlieferten Lehre zu begreifen.[24] Dieser Standpunkt, der sich insbesondere auf jene Stelle im Vorwort zur Erklärung berufen kann, aus der der Wille der Konzilsväter zu entnehmen ist, *„zugleich die*

---

21 Auffällig ist beispielsweise, dass die katholische Religion heute in fast gar keinem Land mehr Staatsreligion ist, während protestantische und orthodoxe Kirchen in einer Reihe von Ländern diese Rolle mit großer Selbstverständlichkeit weiterhin in Anspruch nehmen. Dasselbe gilt für die Rolle des Judentums in Israel, oder die Stellung des Islams in Ländern mit muslimischen Bevölkerungsmehrheiten. Aus dieser Perspektive könnte man sich fragen, ob *Dignitatis Humanae* nicht vor allem zu einer Selbstbescheidung der katholischen Kirche geführt hat.

22 Vgl. beispielsweise Heinz-Lothar Barth, *Die katholische Lehre über das Verhältnis von Kirche und Staat*, Una Voce Korrespondenz 2008, S. 241: *„In der Frage der Religionsfreiheit ist der Bruch mit der gesamten Tradition ... in einzigartiger Weise augenfällig"*.

23 Vgl. Konrad Hilpert, op.cit, S. 815: *„Der Text der Erklärung über die Religionsfreiheit tut ... alles, um den Bruch mit der Tradition herunterzuspielen ... gleichwohl gelang* (es nicht,) *die Diskontinuität dauerhaft zu überdecken "*

24 Vgl. Rudolf Kaschewsky, *Credere non potest nisi volens*, Una Voce Korrespondenz 2008, 256

Lehre der neueren Päpste über die unverletzlichen Rechte der menschlichen Person wie auch ihre Lehre von der rechtlichen Ordnung der Gesellschaft weiterzuführen"[25], scheint zuletzt auch vom römischen Lehramt bekräftigt worden zu sein, indem die (an sich wohl selbstverständliche) Notwendigkeit, die Konzilstexte im Licht der Tradition zu lesen, auch zu Beginn des gegenwärtigen Pontifikats noch einmal ausdrücklich angemahnt wurde.[26] Ungeachtet solcher Mahnungen halten jedoch selbst solche Interpreten, deren Loyalität zum Lehramt in keinster Weise in Zweifel steht, auch heute an der Sichtweise fest, dass *Dignitatis Humanae* einen Bruch mit der früheren Lehre darstellt; sie bezeichnen diese Diskontinuität als einen *„legitimen Wandel der Lehre"*[27], der durch die Änderung äußerer Gegebenheiten (hier: die Entstehung einer pluralistischen, multireligiösen Gesellschaft, die einen *modus vivendi* für ein konfliktfreies Zusammenleben finden muss) erforderlich geworden sei, und weisen darauf hin, dass dies keine dogmatische Neuorientierung impliziere, sondern nur *„eine Korrektur der kirchlichen Soziallehre, die aber ihrer Natur nach ohnehin wandelbar und stets durch kontingente geschichtliche Konstellationen bedingt"* sei.[28]

Solchen Standpunkten könnte allerdings wiederum entgegengehalten werden, dass die frühere Lehre der Kirche durch *Dignitatis Humanae* jedenfalls nicht direkt außer Kraft gesetzt wurde (nicht nur fehlt es an einer eindeutigen Zurückweisung früherer Äußerungen, sondern es wird, wie erwähnt, ausdrücklich an die Lehre der *„neueren Päpste"* angeknüpft); zudem ist festzustellen, dass jene oft zitierte Ansprache[29], in der Pius XII. noch 1953 den Grundsatz

---

25 DH 1

26 Benedikt XVI., Ansprache an das Kardinalskollegium und die Mitglieder der Römischen Kurie beim Weihnachtsempfang am 22. Dezember 2005

27 Robert Spaemann, Frankfurter Allgemeine Zeitung, 1. Oktober 2009

28 Martin Rhonheimer, Die Tagespost, 26. September 2009. Rhonheimer weist zutreffend darauf hin, dass Benedikt XVI. in seiner vielzitierten Ansprache der ‚Hermeneutik der Diskontinuität und des Bruches' nicht eine ‚Hermeneutik der Kontinuität', sondern eine ‚Hermeneutik der Reform' gegenübergestellt habe, wobei ‚Reform' als ‚Zusammenspiel von Kontinuität und Diskontinuität auf verschiedenen Ebenen' zu verstehen sei.

29 Pius XII., Ansprache *Ci riesce* an die Teilnehmer des 5. nationalen Kongresses der Unione Giuristi cattolici italiani, 6. 12. 1953: *„Ciò che non risponde alla verità e alla norma morale, non ha oggettivamente alcun diritto né all'esistenza,*

‚Keine Rechte für den Irrtum' ausdrücklich bekräftigt hatte, im 1992 erschienenen Weltkatechismus ebenso zitiert wird wie die Enzyklika *Quanta cura,* mit der Pius IX. die Gewissens- und Religionsfreiheit verurteilt hatte.[30] Der Grundsatz ‚Keine Rechte für den Irrtum' scheint demnach auch heute noch Bestandteil der kirchlichen Lehre zu sein; wie dies mit der in *Dignitatis Humanae* geforderten Religionsfreiheit für *alle* Religionsgemeinschaften vereinbart werden soll, ist freilich unklar.

Ich will mich nicht vermessen, hierauf eine Antwort zu geben. Wesentlich bedeutsamer als die dogmatische Frage nach der Kontinuität oder Diskontinuität zu früheren Lehraussagen scheint mir allerdings eine ganz andere Frage, die bisher viel weniger Beachtung gefunden hat: nämlich die Frage nach der *praktischen* Umsetzbarkeit der in der Erklärung enthaltenen Lehre.

In diesem Zusammenhang ist zu beachten, dass *Dignitatis Humanae* die Religionsfreiheit nicht nur als individuelles Recht versteht, sondern zugleich als ein kollektiv auszuübendes Recht, dessen Träger die Religionsgemeinschaften sind:

„... daß sie sich gemäß ihren eigenen Normen leiten, der Gottheit in öffentlichem Kult Ehre erweisen, ihren Gliedern in der Betätigung ihres religiösen Lebens beistehen, sie durch Unterricht unterstützen und jene Einrichtungen fördern, in denen die Glieder zusammenarbeiten, um das eigene Leben nach ihren religiösen Grundsätzen zu ordnen.

In gleicher Weise steht den religiösen Gemeinschaften das Recht zu, daß sie nicht durch Mittel der Gesetzgebung oder durch verwaltungsrechtliche Maßnahmen der staatlichen Gewalt daran gehindert werden, ihre eigenen Amtsträger auszuwählen, zu erziehen, zu ernennen und zu versetzen, mit religiösen Autoritäten und Gemeinschaften in anderen Teilen der Erde in Verbindung zu treten, religiöse Gebäude zu errichten und zweckentsprechende Güter zu erwerben und zu gebrauchen.

Auch haben die religiösen Gemeinschaften das Recht, keine Behinderung bei der öffentlichen Lehre und Bezeugung ihres Glaubens in Wort und Schrift zu erfahren. ...“[31]

---

né alla propaganda, né all'azione." (Was nicht der Wahrheit und dem Sittengesetz entspricht, hat objektiv kein Recht auf Dasein, Verkündigung und Aktion)

[30] KKK, in den Fußnoten zu Rz 2108 und 2109

[31] DH 4

Diese Rechte stehen unter der Einschränkung, dass *„die gerechten Erfordernisse der öffentlichen Ordnung nicht verletzt werden"*.

Es war schon immer Lehre der Kirche, und ist auch heute unumstritten, dass *ihr selbst* diese Rechte jederzeit und allerorten zustehen – also selbst dort, wo Katholiken sich in einer Diasporasituation befinden. Möglicherweise dient die Formulierung dieser Rechte als ‚universelle Menschenrechte' gerade dem Zweck, sie auch in mehrheitlich irreligiösen oder andersgläubigen Gesellschaften abzusichern: dies scheint den Konzilsvätern wichtiger gewesen zu sein, als zu verhindern, dass andere dieselben Rechte haben. Man muss an dieser Stelle daran erinnern, dass die Konzilsväter in den Sechzigerjahren des vorigen Jahrhunderts eine ganz andere Situation vor Augen hatten, als sie sich heute darstellt. Das Christentum war als Religion des Westens vollkommen unangefochten; es gab nur konfessionelle Unterschiede zwischen Katholiken und Protestanten. Atheisten und Agnostiker gab es zwar ebenfalls in wachsender Anzahl, doch stellten diese die vom Christentum geprägten Grundlagen der abendländischen Kultur nicht in Frage. Die kulturrevolutionäre Ideologie des Nationalsozialismus, die einen radikalen Bruch mit allen christlichen Werten propagiert hatte, war überwunden, und der Kommunismus war als totalitäre Ideologie, die die Rechte aller Andersdenkenden mit Füßen trat, in der freien Welt weitgehend diskreditiert: die Verfolgung der Religion in der Sowjetunion und ihren Trabantenstaaten fand damals im Westen selbst unter Atheisten keinen Beifall. Anhänger nichtchristlicher Religionen waren in Europa und Amerika damals nur eine verschwindende Minderheit, und niemand rechnete damit, dass sich dies in absehbarer Zeit ändern werde. In vielen Ländern Afrikas und Asiens dagegen verzeichnete die katholische Kirche zwar großen Zulauf, befand sich aber doch in einer Minderheitensituation, in der ihre Rechte und Wirkungsmöglichkeiten oft stark eingeschränkt waren. Unter diesen Bedingungen konnte ein Text wie *Dignitatis Humanae* geeignet scheinen, für die Forderung der Kirche nach Religionsfreiheit in jenen Ländern, in denen sie selbst unterdrückt wurde, Verständnis und Unterstützung auch bei Nichtkatholiken zu gewinnen. Auf die Forderung, dass ein mehrheitlich von Katholiken bevölkerter Staat der katholischen Kirche eine privilegierte Rolle einräumen solle, schien man demgegenüber leicht verzichten[32] zu können.

Vierzig Jahre später sind wir jedoch mit einer Situation konfrontiert, wie sie von den Konzilsvätern wohl nicht vorhergesehen wurde: Im einstmals christlichen Europa sind praktizierende Christen heute eine marginalisierte Minderheit. Der Inhalt des christlichen Bekenntnisses – und damit das Fundament der abendländischen Kultur – sind vielen Europäern überhaupt nicht mehr bekannt; die Neigung von Nichtchristen, das Christentum wenigstens als kulturelles Erbe und Bezugspunkt gesellschaftlicher Werte zu betrachten, hat sich weitgehend verflüchtigt. Gleichzeitig aber kommt es durch Masseneinwanderung aus islamischen Staaten zu einer massiven Präsenz islamischer Gemeinschaften in europäischen Kernländern. Der religiöse Bekenntniseifer dieser Gemeinschaften ist weit stärker ausgeprägt als bei der christlichen Mehrheitsbevölkerung, sodass bereits jetzt an vielen Orten die Moscheen mehr Zulauf haben als die Kirchen; die weitaus höhere Geburtenrate der Einwanderer und der unvermindert bestehende Zuwanderungsdruck werden aller Voraussicht nach dazu führen, dass der Islam in vielen europäischen Ländern bald als die dominante Religion in Erscheinung treten könnte. Im Grunde ist das ja bereits jetzt der Fall: wenn in den letzten Jahren über den steigenden Einfluss der Religion im öffentlichen Leben diskutiert wurde, dann waren es zumeist *islamische* Themen (wie die Verschleierung von Frauen, Ehrenmorde an Familienmitgliedern, religiös motivierter Terrorismus bzw. ‚Heiliger Krieg'), an denen sich solche Konflikte entzündeten.

---

[32] Entgegen der von manchen Interpreten vertretenen Ansicht (vgl. nur Hilpert, op.cit., S. 816), nach *Dignitatis Humanae* dürfe es keine Staatsreligion mehr geben, ist jedoch festzuhalten, dass der Erklärung eine solche Aussage *überhaupt nicht* zu entnehmen ist. Im Gegenteil: die Möglichkeit, dass in einem Staat eine bestimmte Religion als Staatsreligion anerkannt wird, wird sogar ausdrücklich in Erwägung gezogen (vgl. DH 6); es wird in diesem Zusammenhang nur gefordert, dass *„zugleich das Recht auf Freiheit in religiösen Dingen für alle Bürger und religiösen Gemeinschaften anerkannt und gewahrt wird"*. Ein Widerspruch zu der im Syllabus Pius' IX. ausgedrückten Position, für die katholische Religion sei eine Rolle als Staatsreligion weiterhin *erstrebenswert*, liegt darin nicht.

Die Frage der Religionsfreiheit ist daher heute aus einem neuen Blickwinkel zu betrachten: der von laizistischen Kreisen ausgeübte Druck, die Religionen aus dem öffentlichen Leben zu verdrängen, trifft zwar immer wieder, und vielleicht sogar mehr als andere Religionsgemeinschaften, die katholische Kirche, scheint aber doch nicht nur einer speziell gegen die Kirche gerichteten Feindseligkeit geschuldet zu sein, sondern einer stark zunehmenden Beunruhigung über das Phänomen ‚Religion' im Allgemeinen.

Ist diese Beunruhigung wirklich unberechtigt? Solange religiöser Glaube sich nicht nach außen manifestiert, bleibt er unbestritten Privatsache des Einzelnen. Aber wie, wenn eine Religion ihren Anhängern gestattete (oder sie vielleicht sogar dazu verpflichtete), den eigenen Glauben mit Gewalt auszubreiten, Frauen zu diskriminieren, in polygamen Verhältnissen zu leben, Andersgläubige zu betrügen und zu bestehlen, Ehrenmorde zu begehen, oder Kinder an ihren Genitalien zu verstümmeln? Wie, wenn es sich bei einer von ihren Anhängern so bezeichneten ‚Religion' in Wirklichkeit um eine gefährliche Psycho-Sekte handelte? Oder wenn sie, wie die von den spanischen Konquistadoren in Mexico angetroffene indigene Religion der Azteken, die Darbringung blutiger Menschenopfer forderte? Sollen auch die Anhänger einer solchen Religion das Recht haben, *„das eigene Leben nach ihren religiösen Grundsätzen zu ordnen"*?

Gewiss bedarf es hier einer Einschränkung durch *„die gerechten Erfordernisse der öffentlichen Ordnung"*, wie sie in *Dignitatis Humanae* ja auch vorgesehen ist. Doch es stellt sich dann die Frage, worin diese ‚gerechten Erfordernisse' bestehen und wer über sie zu befinden hat.

In erster Linie ist hier wohl an gesetzliche Vorschriften zur Vermeidung von Lärmbelästigungen (z.B. durch Kirchenglocken oder Muezzinrufe) zu denken, oder an Gesichtspunkte der Raumplanung und Ortsbildpflege (bei Moscheebauten), oder an Regelungen zum Schutz der Bürger vor Belästigungen (niemand hat es gern, in aufdringlicher und penetranter Weise zum Wechsel seiner Religion aufgefordert zu werden). Natürlich darf ein staatlicher Gesetzgeber solche Lebensaspekte regeln. Aber man kann diese Formel nicht einfach als Verweis auf die jeweils geltenden Gesetze deuten: denn dann wäre der Gesetzgeber berechtigt, die Religionsausübung nach Gutdünken zu erlauben, einzuschränken oder ganz zu unterdrücken – und die Religionsfreiheit wäre dann kein Grundrecht mehr. Vielmehr müssen derartige Einschränkungen objektiven Gerechtigkeitskriterien entsprechen.

Da die Kirche von ihren Gläubigen nichts fordert, was dem natürlichen Sittengesetz widerspricht, kann sich aus den ‚gerechten Erfordernissen der öffentlichen Ordnung' aber keine grundsätzliche Einschränkung für das Bekenntnis und die Ausübung des katholischen Glaubens ergeben. Sehr wohl hingegen könnten solche Einschränkungen im Hinblick auf *andere* Religionen angemessen sein, wenn diese von ihren Anhängern beispielsweise Menschenopfer, Ehrenmorde, oder andere Gewalttaten forderten, oder sie zur Mehrehe oder ähnlichen Praktiken verleiteten. Je mehr eine Religion im Widerspruch zum natürlichen Sittengesetz steht, desto legitimer ist es, sie einzuschränken. Es wäre absurd, den Konquistadoren heute nachträglich ihr energisches Vorgehen gegen den Aberglauben der Azteken zum Vorwurf zu machen: mit ihrem Kampf gegen diesen Aberglauben haben sie nicht einem wertvollen Brauchtum den Garaus gemacht, sondern der Gerechtigkeit einen Dienst erwiesen.

Ich will an dieser Stelle nicht einzelne Religionen und Glaubensgemeinschaften einer Bewertung unterziehen. Nur darauf will ich hinweisen, dass aus einer falschen Lehre meistens auch eine falsche Praxis folgt, und dass eine falsche Praxis meistens auch auf eine falsche Lehre zurückgeführt werden kann: Religionen und Weltanschauungen haben praktische Auswirkungen. Es wäre daher nicht nur ungerecht, sondern ausgesprochen töricht, vor den Unterschieden, die zwischen Religionen und Weltanschauungen bestehen, die Augen verschließen und sie alle gleich behandeln zu wollen. Die Religionsfreiheit fordert eine solche Gleichbehandlung nicht.

Die Frage nach der Religionsfreiheit stellt sich also für Staat und Kirche auf ganz unterschiedliche Weise. Der Staat muss vor allem das friedliche Zusammenleben und das Wohl seiner Bürger sicherstellen; daher muss er darauf achten, dass sich keine Weltanschauungen ausbreiten, die sich auf das Gemeinwohl schädlich auswirken. Die Kirche muss aber ihrerseits vor allem danach streben, dass ihre eigene Sendung staatlicherseits als rechtmäßig anerkannt oder wenigstens toleriert wird und man ihr durch die Rechtsordnung entsprechende Wirkungsmöglichkeiten zugesteht.

Nachdem sie ihre eigene Lehre für zugleich wahr und dem sozialen Wohl förderlich erachtet, dürfte die Forderung nach Anerkennung durch die staatlichen Rechtsordnungen auch für jedermann nachvollziehbar sein. Das entscheidend Neue an *Dignitatis Humanae* ist aber, dass die Kirche solche Rechte und Wirkungsmöglichkeiten nunmehr auch für Religionsgemeinschaften fordert, deren Lehren sie notwendigerweise selbst *nicht* für wahr halten kann, da sie ja der eigenen Glaubenslehre treu bleiben muss. Während die frühere Lehre der Kirche eine eindeutige Trennlinie zwischen Wahr und Falsch zog und die Verbreitung und Umsetzung anderer als der eigenen Lehren rundweg als unrechtmäßig bezeichnete, postuliert *Dignitatis Humanae* nicht mehr bloße Toleranz, sondern ein *Recht* für die Anhänger nichtchristlicher (und das heißt aus kirchlicher Sicht notwendigerweise: falscher) Lehren, ihre Lehren zu verkündigen und in die Tat umzusetzen. Dies ist in der Tat völlig neu und erfordert eine neue Art der Grenzziehung: nunmehr ist zu unterscheiden zwischen solchen Irrtümern, denen der staatliche Gesetzgeber ein Recht auf Propaganda und praktische Verwirklichung einräumen, und anderen Irrtümern, denen er ein solches Recht verwehren soll. Ganz offensichtlich kann *die Wahrheit* hier nicht als Kriterium dienen, nachdem es ja um die Unterscheidung zweier Kategorien von Irrlehren geht. Als Unterscheidungskriterium verbleibt daher neben der politischen Zweckmäßigkeit nur die Frage, wie groß das Schadenspotenzial des (vermeintlichen?) Irrtums eingeschätzt wird. Dass ein weltlicher Machthaber aus Opportunitätserwägungen solche Entscheidungen trifft, mag nachvollziehbar sein – dass die Kirche, deren eigentliche Sendung doch die Verkündigung des Evangeliums ist, einen solchen Standpunkt einnimmt, ist allerdings er-staunlich.

Ein möglicher Ausweg aus diesem Dilemma läge einzig darin, *Dignitatis Humanae* einer stark einschränkenden Lesart zu unterziehen. Es ließe sich argumentieren, dass die katholische Kirche, wenn in der Erklärung von ‚Religionsgemeinschaften' die Rede ist, in Wirklichkeit *nur* von sich selbst spricht, weil eben nur die katholische Lehre das dort genannte Kriterium erfüllt, die gerechten Erfordernisse der öffentlichen Ordnung nicht zu verletzen: nur eine öffentliche Ordnung, die der katholischen Lehre voll und ganz entspricht, kann wirklich als vollkommen ‚gerecht' bezeichnet werden. Diese Interpretation scheint dem Wortlaut der Erklärung nicht zu widersprechen und stünde fraglos im Einklang mit der früheren Lehre. Allerdings würde sich dann das vermeintlich Neue an *Dignitatis Humanae* wie eine große Fata Morgana auflösen; was mehr als vierzig Jahre unumstritten als eine der größten Errungenschaften des Konzils galt, wäre demnach nur ein großes Missverständnis gewesen: in Wirklichkeit wäre die Lehre des Konzils mit der früheren Lehre ganz und gar identisch, nur hätte man sie - vermutlich um politische Sympathien zu erwerben? – hinter einem dem modernen Menschenrechtsdiskurs entliehenen Vokabular versteckt gehalten. Das wäre wohl jene *Mimese-Strategie*, von der bereits die Rede war.

Stellt man sich nun allerdings die Frage nach dem *politischen* Gewinn, den die Kirche aus der Konzilserklärung über die Religionsfreiheit gezogen hat, so fällt die Antwort ernüchternd aus. Dass der Text in Westeuropa und Angloamerika größtenteils auf Zustimmung und Lob, dies auch von kirchenfernen Kreisen, getroffen ist, wurde bereits vermerkt und ist gewiss auf der Habenseite zu verbuchen. Dem steht gegenüber, dass er für eine kleine Minderheit im Inneren der Kirche zum Stein des Anstoßes wurde und dadurch schismatische Tendenzen ausgelöst hat, die bis heute nicht überwunden sind. Viel schwerer als die zornige Reaktion dieser Minderheit wiegt jedoch, dass *Dignitatis Humanae* in weiten Kreisen des Klerus und des Laienvolks einen grundlegenden Bewusstseinswandel eingeleitet zu haben scheint, von dem man sich im Rückblick ernsthaft fragen muss, ob er von den Konzilsvätern tatsächlich in dieser Weise gewollt war: Plötzlich erschien es nicht nur den Gegnern der Kirche, sondern auch ihren Bischöfen und Gläubigen wie eine Selbstverständlichkeit, dass sich die Kirche aus dem gesellschaftlichen und politischen Leben zurückziehen solle, bzw. dass sie nicht mehr den Anspruch erheben dürfe, die Kultur oder die Rechtsordnung eines Landes entscheidend zu prägen. Dieser Sinneswandel führte wie von selbst zu einem tiefgreifenden Wandel der Gesetzeslage und des allgemeinen Rechtsbewusstseins[33], den die Gegner der Kirche aus eigener Kraft wohl kaum hätten bewirken können; nun aber kamen ihnen die Katholiken selbst zu Hilfe: katholische Politiker betrachteten es nunmehr als ihr

---

[33] Vgl. Romano Amerio, *Iota Unum - Studio delle variazioni della Chiesa cattolica nel secolo XX*, Landau, Turin (2009), §§ 75ff.,

selbstverständliches Recht, unter Berufung auf ihre ‚Gewissensfreiheit' Positionen zu vertreten, die der kirchlichen Lehre widersprachen. Mehr noch: in den meisten ehemals katholischen Staaten wurde (oft mit Zustimmung des Episkopats) die Rolle der katholischen Religion als Staatsreligion preisgegeben, und die katholischen Bildungseinrichtungen verloren, sofern man sie nicht ganz auflöste, ihre konfessionelle Prägung. Auch scheint man nunmehr der Auffassung zu sein, dass es sich z.B. bei der Ablehnung der Ehescheidung oder Abtreibung um spezifisch ‚katholische' Standpunkte handele (wobei man den universalgültigen Charakter dieser naturrechtlichen Normen verkennt), was heute auch viele Katholiken dazu veranlasst, für eine Legalisierung (bzw. gegen ein Verbot) dieser Praktiken einzutreten, weil man ja *„den katholischen Standpunkt niemandem aufzwingen"* dürfe.[34] In einer bisher nicht gekannten Weise haben sich im Lauf weniger Jahre die Rechtsordnungen fast aller Industriestaaten in einen radikalen Widerspruch zum Naturrecht begeben. Ist das zeitliche Zusammentreffen zwischen dieser besorgniserregenden Entwicklung und der Rezeption der Erklärung *Dignitatis Humanae* ein bloßer Zufall, oder besteht hier nicht ein offenkundiger Zusammenhang?

Insgesamt scheint es also, dass die mit *Dignitatis Humanae* verbundenen Hoffnungen und Erwartungen sich nicht erfüllt haben. Wenn sich das Los der Christen im ehemaligen kommunistischen Ostblock gebessert hat, so war dies eine Folge des Zusammenbruchs des Sowjetimperiums, und ist wohl nicht auf eine Rezeption der Konzilsbeschlüsse durch das Politbüro der KPdSU zurückzuführen. In nichtchristlichen Ländern ist es überwiegend nicht zu einer Verbesserung der Lage der christlichen Diaspora gekommen; hingegen ist in christlich geprägten Ländern der politische und zivilisatorische Einfluss der Kirche spürbar aufgeweicht worden, und es hat sich unter den Katholiken eine gewisse Verwirrung über die von ihnen anzustrebende öffentliche Ordnung ausgebreitet. Es mag verfehlt sein, dies allein auf ein von vielen missverstandenes Kon-

---

[34] Vgl. Amerio (op.cit.), § 178: *„La desistenza dalla fermezza da parte della Chiesa si manifestò in Italia al tempo della campagna referendaria contro il divorzio, quando si videro non pochi preti parteggiare, tollerandoli i loro Superiori, per la dissolubilità; taluni vescovi condannare addirittura la partecipazione dei preti alla promozione del referendum contro il divorzio..."*

zilsdokument zurückführen zu wollen; indessen wäre ein Nachdenken darüber, wie die entstandenen Missverständnisse zu beseitigen sind, dringend geboten. Mit *Dignitatis Humanae* hat das Konzil eine Reihe von wichtigen Fragen angerissen, die aber, wie es scheint, noch nicht abschließend beantwortet sind. Es bleibt abzuwarten, welche Präzisierungen das Lehramt hier noch vornehmen wird.

4. Neue Konflikte der Kirche mit ‚den Menschenrechten'

Einstweilen stellen die Menschenrechte die Kirche vor ganz neue Herausforderungen. Dies aber keineswegs nur deswegen, weil sich erst zeigen muss, wie weit das nachkonziliare ‚Umdenken' der Kirche denn nun tatsächlich reicht, bzw. ob nicht die vorbehaltlose Anerkennung der Menschenrechte auch eine Demokratisierung der Kirche oder eine völlige Gleichstellung der Geschlechter nach sich ziehen müsste, wie es heutige Denkmuster zumindest nahelegen. Vielmehr sind neuerdings die Menschenrechte selbst ein ‚*moving target*': der Begriffsgehalt ist immer schnellerem Wandel unterworfen, und man muss feststellen, dass dieser Wandel der Kirche und ihren Gläubigen nicht entgegenkommt. Immer öfter sind den Reden der Politiker, dem akademischen Schrifttum und den Entscheidungen nationaler und internationaler Rechtsinstanzen nämlich überraschende Interpretationen der Menschenrechte zu entnehmen, die mit christlichen Moralauffassungen nicht nur nicht vereinbar sind, sondern sich sogar direkt und gezielt gegen die Kirche und ihre Lehre zu richten scheinen.

Die Beispiele für derartige Konflikte zwischen der kirchlichen Lehre und den Menschenrechten (oder besser gesagt: einer bestimmten Lesart derselben) sind inzwischen so zahlreich, dass eine Erörterung oder auch nur eine Aufzählung einschlägiger Fälle den Rahmen dieser Abhandlung sprengen würde. Ich beschränke mich darauf, die wichtigsten Aspekte dessen zu skizzieren, was inzwischen durchaus als allgemeiner Trend bezeichnet werden kann: dass die Menschenrechte in den westlichen Industriestaaten zu einem wichtigen Instrument antikirchlicher Politik und Propaganda geworden sind. In ihrem Namen verurteilt man die Lehre der Kirche ebenso[35] wie ihren hierarchischen Aufbau[36], man bezeichnet

---

[35] Am 4. Oktober 2007 beschloss die Parlamentarische Versammlung des Europarats eine Resolution (Nr. 1580 (2007)) über ‚die Gefahren des Kreationismus in der Erziehung', in welcher ‚Kreationismus' (definiert als *„die Leugnung der Lehre der Evolution der Arten durch natürliche Auslese"*) als *„Gefahr für die Menschenrechte"* bezeichnet wurde. Die Resolution bezieht sich auf einen Bericht des Ausschusses für Kultur, Wissenschaft und Erziehung[35], der zwar zunächst zwischen verschiedenen Spielarten des ‚Kreationismus' (beispielsweise zwischen einer fundamentalistischen Lesart der Bibel, der zufolge Gott die Welt vor ca. 6000 Jahren in einem Zeitraum von sechs Tagen erschaffen habe, und einem christlichen Deutungsansatz moderner wissenschaftlicher Theorien, der die Mechanismen der Evolution und Selektion keineswegs in Abrede stellt, sie aber als Ausdruck eines göttlichen Wirkens ansieht) unterscheidet, dann aber in Bausch und Bogen *jede* Form des Schöpfungsglaubens verurteilt. Im Hinblick auf die katholische Lehre zeigt sich in diesem Bericht eine gewisse Zweideutigkeit, die entweder der mangelnden Sachkenntnis der Berichterstatterin oder ihrem Bemühen, das katholische Lehramt für ihren Standpunkt zu vereinnahmen, zuzuschreiben ist. Einerseits wird (lobend) erwähnt, dass Papst Johannes Paul II. einmal geäußert habe, die Theorie Darwins sei *„mehr als nur eine Theorie"*; anderseits wird kritisch erwähnt, dass manche Gruppen ‚den Kreationismus' (gemeint ist hier wohl ganz allgemein der Glaube an die Schöpfung des Universums durch Gott) als Dogma vertreten. Ausdrücklich erwähnt (und verurteilt) wird ein Artikel, den Kardinal Christoph Schönborn im Juli 2007 in der New York Times veröffentlicht und in dem er die Ansicht vertreten hatte, dass die Komplexität der Schöpfung auf die Intelligenz und den ordnenden Willen eines Schöpfers hindeute. Wörtlich heißt es in der Resolution: "*For some people the Creation, as a matter of religious belief, gives a meaning to life. Nevertheless, the Parliamentary Assembly is worried about the possible ill-effects of the spread of creationist ideas within our education systems and about the consequences for our democracies. If we are not careful, creationism could become a threat to human rights, which are a key concern of the Council of Europe.*" Fraglos ist es aber Bestandteil der katholischen Glaubenslehre, dass das Universum nicht von selbst oder durch ‚Zufall', sondern durch den Schöpfungsakt Gottes entstanden ist. Diese Lehre wird nun durch die Resolution als potenzielle ‚Gefahr für Menschenrechte und Demokratie' gebrandmarkt und gesellschaftlich ausgegrenzt. Indirekt scheint auch das Recht katholischer Eltern, ihre Kindern in jenem Glauben zu erziehen, den sie für wahr halten, infrage gestellt; an seine Stelle soll offenbar ein Recht des Staates treten, den Kindern gegen den Willen ihrer Eltern ein Weltbild aufzudrängen, in

den Hl. Vater als ‚Verbrecher gegen die Menschlichkeit'[37], man erzwingt den Rückzug des Christentums aus dem öffentlichen Raum

dem Gott allenfalls als Fabelwesen vorkommen darf, nicht aber als Teil der Wirklichkeit.

36 Dies ist zumindest einer Resolution des Europäischen Parlaments aus dem Jahr 2002 zu entnehmen, in der unter anderem *„die Führungsgremien religiöser Organisationen"* verurteilt werden, die *„die Ausgrenzung der Frauen aus leitenden Positionen der politischen und religiösen Hierarchie fördern"*. Nach katholischem Glauben kann das Sakrament der Priesterweihe nur Männern gespendet werden (vgl. KKK, Rz 1577), die Priesterweihe einer Frau ist nicht nur verboten, sondern wäre auch unwirksam. Die Resolution richtet sich folglich nicht bloß gegen die ‚Führungsgremien', sondern gegen den Glauben der Kirche: man kann nicht das glauben und praktizieren, was der katholische Glaube über das Weihepriestertum lehrt, ohne (nach Ansicht des Europäischen Parlaments) ‚die Menschenrechte' zu verletzen.

37 Im Jahr 2009 kam es zu einer Reihe von offiziellen Stellungnahmen und Entschließungen politischer Institutionen, in denen Äußerungen Papst Benedikts XVI. als ‚Verstoß gegen die Menschenrechte' verurteilt wurden. Der Hl. Vater hatte davor gewarnt, dass die Verteilung von Kondomen die Ausbreitung der Immunitätsschwächeerkrankung HIV/AIDS, die vorwiegend durch sexuelle Kontakte übertragen wird, nicht eindämme, sondern möglicherweise fördere. Bei diesen Äußerungen handelte es sich wohlgemerkt nicht um eine dogmatische Aussage des Lehramts, wohl aber um eine legitime Meinungsäußerung, von der man gedacht hätte, dass sie dem Hl. Vater ebenso wie jedem anderen Menschen im Rahmen der allgemeinen Meinungsfreiheit unbestrittenermaßen zusteht, zumal sie sich bei näherem Hinsehen als sachlich gut begründet erweist. Bemerkenswert war demgegenüber die Aggressivität mancher Reaktionen, die – unter weitestgehendem Verzicht auf nachvollziehbare Argumente – darauf hinausliefen, den Papst persönlich zu diffamieren. So verabschiedete z.B. das belgische Parlament (unter Mitwirkung der christdemokratischen Abgeordneten!) eine Resolution, in der der Standpunkt des Hl. Vaters als ‚inakzeptabel' bezeichnet und die Regierung aufgefordert wurde, auf diplomatischem Weg Protest einzulegen. Im Senat wurde ein noch weitergehender Resolutionsentwurf eingebracht, der dem Hl. Vater sogar *„Verbrechen gegen die Menschlichkeit"* zum Vorwurf machte: *«Déclarer en tant que chef religieux mondial, que l'utilisation de préservatifs aggrave l'épidémie de sida doit donc être assimilé à un crime contre l'humanité »*; dieser Entwurf fand jedoch keine Mehrheit. Im Europäischen Parlament gelangte eine Resolution zur Abstimmung, in der die Äußerungen formell als Verstoß gegen die Menschenrechte verurteilt werden sollten. Der Antrag wurde zwar mit knapper Mehrheit abgelehnt; was jedoch bleibt, ist die Tatsache, dass fast die Hälfte der Abgeordneten einem Text zuzustimmen bereit war, der die

(insbesondere aus den Schulen[38]). Man stellt das Recht von Eltern in Frage, ihren Kindern eine christliche Erziehung zu bieten, und zwingt Kinder zum Besuch eines Schulunterrichts, dessen Lehrinhalte mit dem christlichen Glauben ebenso unvereinbar sind[39] wie

---

Empfehlung, gemäß der kirchlichen Morallehre zu handeln, als ‚verbrecherisch' brandmarken und einem Massenmord gleichsetzen sollte.

[38] Vgl. den ‚Kruzifix-Beschluss' des BVG (1 BvR 1087/9 v. 16. Mai 1995; BVerfGE 93, 1): *„Die Anbringung eines Kreuzes oder Kruzifixes in den Unterrichtsräumen einer staatlichen Pflichtschule, die keine Bekenntnisschule ist, verstößt gegen Art. 4, Abs. 1 GG"*. In Österreich sorgte 2008 der Beschluss des Bürgermeisters der oberösterreichischen Landeshauptstadt Linz, aus allen Schulen und Kindergärten der Stadt die gesetzlich vorgeschriebenen Kruzifixe zu entfernen (während gleichzeitig das gesetzlich nicht vorgeschriebene – mithin gesetzwidrig angebrachte – Porträt des Bürgermeisters selbst in den Schulräumen verblieb!) für Aufsehen. Zuletzt urteilte der EuGHMR (*Lautsi gg. Italien*, Beschw. 30814/06), dass die Anbringung eines Kruzifixes in den Klassenzimmern einer staatlichen Schule das Recht der Eltern, ihre Kinder im Sinne ihrer eigenen Weltanschauung zu erziehen (Art. 2 des 1. ZP zur EMRK), sowie das Recht auf Religionsfreiheit verletze. Diese Entscheidung befremdet nicht nur deswegen, weil die fraglichen Bestimmungen der Menschenrechtskonvention ganz offensichtlich nicht den Zweck haben, der ihnen hier unterstellt wird (sonst hätten die Signatarstaaten, ihrer Verpflichtung bewusst, sofort nach Ratifikation dieser Bestimmungen entsprechende Maßnahmen getroffen, was aber keiner von ihnen getan hat), sondern auch, weil nicht ersichtlich ist, wie Schulkinder jene Toleranz und jenen Respekt vor fremden Weltanschauungen, die der Gerichtshof selbst als das vorrangige Erziehungsziel eines Schulsystems in einer pluralistischen Gesellschaft bezeichnet, einüben sollen, wenn solche Weltanschauungen gar nicht zum Ausdruck gebracht werden dürfen. Gerade im Hinblick auf ein derartiges Erziehungsziel kann es sich nur als kontraproduktiv erweisen, wenn der nicht näher begründete Wunsch eines einzigen Schülers genügt, ein religiöses Symbol, mit dem andere Schüler sich identifizieren, aus dem Klassenraum zu entfernen.

[39] Im Namen einer falsch verstandenen ‚weltanschaulichen Neutralität' ersetzt man in vielen Schulen den konfessionellen Religionsunterricht durch einen vorgeblich ‚neutralen', in Wahrheit aber agnostisch geprägten Ethikunterricht. Religion wird hier als ‚vergleichende Religionskunde' gelehrt, wobei, wie es scheint, die Inhalte der verschiedenen Glaubenslehren oft nur entstellt wiedergegeben werden. Vgl. Hanna-Barbara Gerl-Falkowitz, *Ethik für das 21. Jahrhundert? Religionsunterricht ist nicht nur in Berlin unersetzlich,* Die Tagespost, 23. April 2009. De facto wird dadurch dem agnostischen Standpunkt ein Vorrang vor allen anderen Weltan-

mit der christlichen Moral[40]. Die Gewissensfreiheit, die in allen Menschenrechtskatalogen einen prominenten Platz einnimmt, wird punktuell außer Kraft gesetzt: man will christliche Ärzte dazu zwingen, Abtreibungen durchzuführen[41]; von christlichen Wohlfahrtsorganisationen wird verlangt, Kinder an homosexuelle

---

schauungen eingeräumt: nur er darf sich überall ganz ungehindert entfalten und stellt im staatlichen Bildungswesen gleichsam die für alle verpflichtende Norm dar.

40 Dies betrifft keineswegs nur die bereits erwähnte Evolutionslehre, sondern – von weit größerer praktischer Bedeutung – vor allem den Sexualkundeunterricht an Schulen, durch den ein rein technisches Wissen über die Sexualität, losgelöst von allen ethischen Zusammenhängen, vermittelt wird. Dass dieser pädagogische Ansatz keineswegs so ‚wertfrei' und ‚objektiv' ist, wie seine Verfechter stets behaupten, muss hier nicht eigens erörtert werden; festzuhalten ist nur, dass es nicht nur den Eltern *nicht* freisteht, ihre Kinder von dieser obligatorischen Frühsexualisierung fernzuhalten, sondern dass unter Berufung auf ‚die Menschenrechte' versucht wird, souveräne Staaten gegen ihren Willen zur Einführung derartiger Programme an den Schulen zu zwingen. Die zuständigen Kontrollgremien der Vereinten Nationen (*Committee on Economic, Social and Cultural Rights, Committee on the Elimination of Discrimination against Women, Committee on the Rights of the Child, Committee on Human Rights)* fragen anlässlich ihrer *country reports* inzwischen routinemäßig nach, ob in den Schulen des betreffenden Landes Sexualkundeunterricht stattfindet, und erteilen scharfen Tadel, wenn ein solcher Unterricht nicht vorgesehen ist, oder wenn dort nicht umfassendes Wissen über alle Mittel der künstlichen Empfängnisverhütung vermittelt wird. Ebenso wird gefordert, dass Kinder im Unterricht auch über Homosexualität belehrt werden, u. zw. in dem Sinn, dass es sich dabei um eine ‚gleichwertige' bzw. ‚natürliche' Form der Sexualität handele. Der EuGHMR hat kürzlich eine Beschwerde christlicher Eltern gegen den Zwang, ihre Kinder in dieser Weise indoktrinieren zu lassen, als „unbegründet" abgewiesen. (*Dojan u.a. gg. Deutschland*, Beschw. 319/08)

41 *Opinion of the EU network of independent experts in fundamental rights on the right to conscientious objection and the conclusion by EU Member States of Concordats with the Holy See* (14 December 2005). CFR-CDF Opinion 4.2005. Bemerkenswert ist nicht nur der Tenor dieses Gutachtens, sondern auch die Art seines Zustandekommens: vgl. hierzu J. Cornides, Ein Menschenrecht auf Abtreibung?, ZfL 1/2007; ders., Human Rights pitted against Man, International Journal of Human Rights 1/2008.

‚Adoptivelternpaare' zu vermitteln[42], und von Sozialeinrichtungen, Universitäten und Schulen in kirchlicher Trägerschaft fordert man die Einstellung von Arbeitnehmern, deren Weltanschauung und Lebenswandel dem christlichen Leitbild nicht entsprechen (u. zw. sogar dann, wenn beispielsweise die Funktion eines Universitätsprofessors[43], Lehrers oder Erziehers[44] zu besetzen ist). Nicht einmal

---

[42] Vgl. die Entscheidung des britischen Charity Tribunal in der Rechtssache Catholic Care (Diocese of Leeds) vs. Charity Commission for England and Wales v. 1. Juni 2009. Die Folge dieser Entscheidung dürfte sein, dass katholische Wohlfahrtsorganisationen in England ihre Adoptionsvermittlungstätigkeit einstellen müssen.

[43] In einer jüngst ergangenen Entscheidung des EuGHMR (*Lombardi Vallauri gg. Italien*, Beschw. 39128/05) wurde Italien wegen eines Verstoßes gegen die Meinungsfreiheit (Art. 10 EMRK) verurteilt, weil die italienische Rechtsordnung einem Philosophieprofessor, dessen (zeitlich befristeter) Lehrauftrag von einer katholischen Universität nicht verlängert worden war, nachdem er zuvor mehrfach und in drastischer Weise Meinungen geäußert hatte, die eindeutig der katholischen Lehre zuwiderliefen, keine Möglichkeit eingeräumt hatte, die Entscheidung der Universität (indirekt aber die Entscheidung der zuständigen kirchlichen Autorität, nämlich der Bildungskongregation der römischen Kurie) in einem arbeitsgerichtlichen Verfahren anzufechten. Die Entscheidung des EuGHMR ist manifest absurd: sie verkennt, dass die für die Erteilung eines Lehrauftrags an einer katholischen Universität erforderliche Zustimmung (ital.: *gradimento*) der kirchlichen Behörde bzw. die Zurückziehung derselben ihrer Natur nach nicht begründungsbedürftig sind. Folgte man dem Gerichtshof, so wären letztlich nicht mehr die kirchlichen Autoritäten, sondern weltliche Gerichte zur Entscheidung darüber berufen, ob die von einem Universitätsprofessor vertretenen Ansichten der kirchlichen Lehre entsprechen oder nicht, oder ob die Nichtverlängerung des Lehrauftrags in einem angemessenen Verhältnis zur Schwere der Abweichung steht. Die kirchliche Autorität hätte hier nur noch Parteistellung, aber keine Entscheidungsautonomie. Mit dieser Entscheidung wird also die Freiheit der Kirche, autonom darüber zu entscheiden, was katholisch ist, bzw. wer an einer katholischen Bildungseinrichtung unterrichten darf, mit einem Federstrich eliminiert. Es fehlt eigentlich nur noch, dass der Gerichtshof dieselbe Rechtsprechung auch auf Kleriker anwendet, also z.B. auf einen Pfarrer, der vom Glauben abfällt, aber weiterhin seine Pfarrstelle behalten will. Wie es scheint, hat die ‚Meinungsfreiheit' einer Einzelperson Vorrang vor dem Recht der Gläubigen, im unverfälschten Glauben unterwiesen zu werden, bzw. vor dem Recht der Kirche, ihre Gläubigen zu unterweisen.

der Kernbereich kirchlicher Tätigkeit, die Verkündigung und Feier des christlichen Glaubens, bleibt von solchen Interventionsversuchen verschont: so wird in manchen Ländern beispielsweise versucht, die Kirchen per Gesetz zur Durchführung homosexueller ‚Trauungszeremonien' zu zwingen.[45]

Die katholische Kirche vertritt bekanntlich keine besondere katholische Morallehre, sondern fordert die Einhaltung des natürlichen Sittengesetzes; dieses aber will man unter Berufung auf die Menschenrechte durch eine selbstgemachte neue Moral ersetzen, die ihm radikal widerspricht: was einst ‚Verbrechen' hieß, ist heute ein ‚Grundrecht'. Zu dem Kanon dieser teils bereits von manchen Instanzen anerkannten, teils noch im Entstehen begriffenen Rechte zählt ein ‚Recht auf Abtreibung'[46], ebenso wie ein (durch künstliche

---

44 Der anglikanische Bischof Rev. Anthony Priddis wurde im Februar 2008 zu einer Schadenersatzzahlung von £ 47.000 wegen ‚gesetzwidriger Diskriminierung' verurteilt, nachdem er sich geweigert hatte, einen offen homosexuellen Bewerber zum Diözesanjugendleiter in seiner Diözese zu ernennen. Zudem musste der Bischof einen speziellen Schulungskurs absolvieren, um weitere ‚Diskriminierungen' dieser Art hinkünftig zu vermeiden.

45 In Schweden konnte die lutherische Staatskirche mit einem einfachen Mehrheitsbeschluss des Reichstags hierzu verpflichtet werden: die Parlamentsmehrheit beschließt, was das Volk zu glauben hat. Doch auch in Irland, wo im Juli 2010 ein Gesetz über homosexuelle Partnerschaften beschlossen wurde, haben Parlamentsabgeordnete eine Ausnahmeregelung vorgeschlagen, der zufolge Kirchen und Religionsgemeinschaften ihre Gebäude für entsprechende Zeremonien (nur) dann nicht zur Verfügung stellen müssen, wenn der Staat zur Erhaltung dieser Gebäude keinen wie immer gearteten finanziellen Beitrag leistet. (Quelle: Iona Institute)

46 Der Europäische Gerichtshof für Menschenrechte hat 2007 Polen zur Leistung einer hohen Schadenersatzzahlung an eine Frau verurteilt, der es aufgrund der bestehenden Rechtslage nicht gestattet worden war, unter Hinweis auf die (nicht belegte) Behauptung, die bevorstehende Geburt könne ihre eigene Gesundheit beeinträchtigen, ihr gesundes Kind abzutreiben: EuGHMR, *Tysiąc gg. Polen*, Beschw. 5410/03. Aus Anlass einer weiteren Beschwerde, die sich gegen das verfassungsrechtlich verankerte Abtreibungsverbot in Irland richtete (*A, B et C. gg. Irland*, Beschw. 25579/05), hat der Gerichtshof zwar festgestellt, dass der Menschenrechtskonvention kein Recht auf Abtreibung zu entnehmen sei – aber dennoch wurde Irland zur Schadenersatzleistung an eine der drei anonym gebliebenen Beschwerdeführerin verurteilt. Befremdlich ist nicht nur der Tenor dieser

Zeugung[47] oder Adoption[48] zu verwirklichendes, auch Einzelpersonen oder gleichgeschlechtlichen Paaren[49] zustehendes) ‚Recht auf

Entscheidung, sondern auch der Umstand, dass die von den drei Beschwerdeführerinnen behaupteten Sachverhalte überhaupt nicht überprüft wurden. Der Gerichtshof scheint eine Kompetenz zur abstrakten Normenkontrolle in Anspruch nehmen zu wollen, die ihm aufgrund der Menschenrechtskonvention überhaupt nicht zusteht. Die Parlamentarische Versammlung des Europarates hat 2008 eine Resolution (Nr. 1607 (2008)) verabschiedet, mit der die Mitgliedstaaten aufgefordert wurden, die Abtreibung nicht nur zu legalisieren, sondern auch zu garantieren, dass abtreibungswillige Frauen tatsächlich Zugang zur Abtreibung erhalten. Immer öfter sind es also gerade ‚die Menschenrechte', die die Staaten angeblich zur Legalisierung der Abtreibung verpflichten sollen. Der Menschenrechtsausschuss der Vereinten Nationen hat sogar ausgerechnet das Recht auf Leben dazu herangezogen, um daraus ein ‚Recht auf Abtreibung' herzuleiten: UN Human Rights Committee, *General Comment No. 28: Equality of rights between men and women (Art. 3)*, 68th Sess., para. 10, U.N. Doc. CCPR/C/21/Rev.1/Add.10 (2000); vgl. auch *Concluding Observation of the Human Rights Committee: Chile*, 65th Sess., 1740th meeting, para. 15, U.N. Doc. CCPR/C/79/Add.104 (1999); *Costa Rica*, 65th Sess., 1751st meeting., para. 11, U.N. Doc. CCPR/C/79/Add.107 (1999); *Guatemala*, 72nd Sess., 1954th mtg., para. 19, U.N. Doc. CCPR/CO/72/GTM (2001); *Mongolia*, 68th Sess., 1835th mtg., para. 8(b), U.N. Doc. CCPR/C/79/Add.120 (2000); *Peru*, 70th Sess., 1892nd meeting., para. 20, U.N. Doc. CCPR/CO/70/PER (2000); *Poland*, 82nd Sess., 2251th meeting, para. 8, U.N. Doc.CCPR/CO/82/POL (2004). So verkehrt sich ein grundlegendes Menschenrecht durch Auslegung in sein genaues Gegenteil. Zuletzt hat der UN-Sonderberichterstatter für das Recht auf Gesundheit, Anand Grover, in einem Zwischenbericht an die Generalversammlung die absurde Meinung geäußert, die Strafbarkeit von Abtreibung sei ein *„unzulässiges Hindernis für die Verwirklichung des Rechts auf Gesundheit"* (UN General Assembly, A/66/254, 3. August 2011). Es ist an dieser Stelle festzuhalten, dass keine der hier zitierten Resolutionen, General Comments oder Berichte rechtliche Bindungskraft haben; sie bringen nur die Meinungen derjenigen zum Ausdruck, die sie verfassen.

47 Während das kirchliche Lehramt die künstliche Zeugung (In-Vitro-Fertilisation, IVF) als *„äußerst verwerflich"* und *„moralisch unannehmbar"* bezeichnet, wird in juristischen Fachkreisen die Frage, ob solche Praktiken die Menschenrechte verletzen, nicht einmal diskutiert. Nur in einem einzigen Land auf der Welt, nämlich in Costa Rica, ist IVF ausdrücklich verboten. Dort hat 2000 der Oberste Gerichtshof entschieden, dass IVF gegen die Verfassung verstoße, die das menschliche Leben ‚vom Zeitpunkt der Empfängnis an' unter Schutz stellt, weil bei dem Verfahren menschliche Embryonen zerstört werden. Ein Dekret des Präsidenten, mit dem IVF

ein Kind'[50], das ,Recht auf einen selbstbestimmten Tod' durch Euthanasie[51], oder das Recht, mit einer Person desselben Geschlechts die Ehe einzugehen.[52] Auch das Klonen und die genetische Manipu-

1995 erlaubt worden war, wurde aufgehoben. Ein Beschwerdeverfahren ist in dieser Angelegenheit zzt. bei der Interamerikanischen Menschenrechtskommission anhängig. Die Argumentation des costaricanischen Höchstgerichts unterscheidet sich von jener des kirchlichen Lehramts, da letzteres die IVF auch dann verurteilt, wenn dabei keine ,überzähligen Embryonen' hergestellt und verworfen werden. Der EuGHMR hat kürzlich entschieden, dass das Verbot der Eizell- oder Samenspende eine Diskriminierung *„aller Paare* (darstelle), *die sich ohne Rückgriff auf diese Verfahren ihren Kinderwunsch nicht erfüllen können"* (*S.H. gg. Österreich*, Beschw. Nr. 57813/00, nicht rechtskräftig), darstelle.

48 EuGHMR, *E.B. gg. Frankreich*, Beschw. Nr. 43546/02

49 Das britische Boulevardblatt ,The Sun' berichtete in seiner Ausgabe vom 27. Februar 2009 von einem lesbischen Pärchen aus Glasgow, das vom National Health Service Schadenersatz wegen Diskriminierung fordert, weil dieses die Übernahme der Kosten einer IVF verweigert hatte. Es geht in dem (zurzeit noch anhängigen) Verfahren nicht um die Frage, ob lesbische Frauen sich überhaupt einer derartigen Behandlung unterziehen dürfen, sondern nur darum, ob sie selbst oder die Versichertengemeinschaft die Kosten hierfür zu tragen haben. Unterstützung bekamen die Klägerinnen von der Schottischen Gleichheits- und Menschenrechtskommission, deren Sprecherin mitteilte, dass *„eine derartige Diskriminierung unannehmbar ist"*.

50 In vielen europäischen Ländern werden die Kosten für eine ,Kinderwunschbehandlung' routinemäßig von den Krankenkassen übernommen. Dass Kinderlosigkeit keine Krankheit (sondern allenfalls die Folge davon) ist, scheint niemanden zu stören.

51 Parlamentarische Versammlung des Europarats, Doc. 9898 (10. September 2003) – Euthanasia. Der Berichterstatter, der Schweizer Abgeordnete Dick Marty, zog ausdrücklich ,das Recht auf Selbstbestimmung', ,Freiheit' und ,Gleichheit' zur Begründung des Entwurfs heran: "*The main arguments for euthanasia and its decriminalisation relate first of all to self-determination or personal autonomy: each individual, out of respect for his or her dignity and value, has a right to take decisions concerning his or her own life and death in accordance with his or her own values and beliefs, and not to have these imposed. It is a question of freedom and equality in the face of death.*" Der Resolutionsentwurf wurde zwar abgelehnt; doch haben bereits fünf europäische Staaten die Euthanasie legalisiert; das in Art. 2 EMRK garantierte Recht auf Leben scheint dagegen keinen Schutz zu bieten.

52 Vgl. hierzu die 2008 von der neuen EU-Grundrechteagentur veröffentlichte Studie, in der u.a. behauptet wird, jene Mitgliedstaaten der EU, in de-

lation von Menschen scheinen mit diesem neuen Moralkodex problemlos vereinbar; eigens hat man ja eine neue Grundrechtecharta geschaffen, die diesen ethisch umstrittenen Praktiken eine Hintertür öffnet.[53]

---

nen eine gleichgeschlechtliche Ehe nicht vorgesehen ist, seien verpflichtet, dauerhaft zusammenlebenden homosexuellen Paaren dieselben Rechtsvorteile einzuräumen, wie sie Ehepaare aufgrund der Eheschließung genießen. Diese absurde Schlussfolgerung beruht auf einer ebenso absurden Argumentation, mit der ich mich an anderer Stelle (J. Cornides, *Human Rights pitted against Man (II) - the Network is back*; International Journal of Human Rights 2010) bereits ausführlich auseinandergesetzt habe. Insgesamt besteht der Eindruck, dass die Urheber solcher ‚Studien' darauf hoffen, die Öffentlichkeit werde von ihrem Gut-achten nur das (als ‚wissenschaftlich' angekündigte) Ergebnis respektvoll zur Kenntnis nehmen, ohne dass jemand nachprüft, mit welchen Methoden sie zu diesem Ergebnis gelangt sind. In dieser Studie scheint sich der Wille der Grundrechteagentur zu manifestieren, mit ihrer Tätigkeit einer umstrittenen politischen Agenda zum Durchbruch zu verhelfen; als seriöse wissenschaftliche Arbeit kann man dies freilich nicht bezeichnen. Im Juni 2010 hat unterdessen der EuGHMR die Beschwerde zweier homosexueller Männer, die sich ob des Umstandes, dass sie miteinander keine Ehe eingehen können, in ihren Grundrechten verletzt fühlten, mit knapper Mehrheit abgewiesen (*Schalk und Kopf gg. Österreich*, Beschw. Nr. 30141/04).

53 Artikel 3 der neuen EU-Grundrechtecharta verbietet ausdrücklich das ‚reproduktive Klonen'. Der Zweck dieser Formulierung dürfte sein, eine Interpretation zu ermöglichen, der zufolge ‚therapeutisches Klonen' von dem Verbot nicht erfasst wäre. ‚Reproduktives Klonen' ist allerdings ein Pleonasmus: wenn ‚Klonen' die gezielte Herstellung eines Embryos ist, der über die gleichen Erbinformation wie ein anderer Embryo, ein Fötus, ein Mensch oder ein Verstorbener verfügt (vgl. § 6 ESchG), dann ist es *immer* ‚reproduktiv'. Darüber hinaus ist Klonen *niemals* ‚therapeutisch', weil alle bisher vorgeschlagenen Therapieverfahren implizieren, dass ein Klon zuerst hergestellt und dann, nach Entnahme der für Therapiezwecke benötigten Stammzellen, zerstört werden muss. (‚Therapeutisch' ist daher höchstens die Verwendung der auf so fragwürdige Weise gewonnenen Stammzellen, aber nicht der Klonvorgang selbst.) In der Debatte um das Klonen ist allerdings in letzter Zeit eine gewisse Beruhigung eingetreten; dies liegt wohl daran, dass sich die Hoffnungen auf neue Therapien als völlig unrealistisch herausgestellt haben. Weder in naher noch in fernerer Zukunft ist nach derzeitigem Kenntnisstand mit einem therapeutischen Einsatz embryonaler Stammzellen zu rechnen, weil ein solcher Therapieansatz mit einem fast hundertprozentigen Krebsrisiko verbunden wäre. Die Grundrechtecharta ist in diesem Punkt also bereits vor ihrem Inkraft-

Wer nun diese neue Ethik für ‚liberal' hielte, unterläge einem schwerwiegenden Irrtum. Das ausschweifende Verhalten, das sie gerade im Bereich der Sexualität für legitim und ‚natürlich' erklärt, wird niemandem freigestellt, sondern allen verpflichtend vorgeschrieben: man denke nur an das von verschiedenen ‚Menschenrechtsexperten' geradezu obsessiv verfolgte Ziel, auch solche Ärzte, die Durchführung von Abtreibungen aus Gewissensgründen ablehnen, hierzu zu verpflichten[54], oder an den Versuch, den ‚offenen Umgang mit Homosexualität' zum Erziehungsziel an öffentlichen Schulen zu erklären.[55] In anderen Bereichen als der Sexualethik ist man dagegen durchaus fähig und willens, der Gesellschaft rigorose Fastenopfer abzuverlangen: ein Beispiel hierfür sind die im Zusammenhang mit dem vermeintlichen ‚Klimawandel' vorgeschlagenen Maßnahmen, die die befürchtete Erwärmung des Weltklimas aufhalten sollen, oder die immer rigoroseren Rauchverbote, oder die immer strengeren Sicherungspflichten im Straßenverkehr. Keineswegs ist also die Befreiung der Menschheit von allen einengenden Normen vorgesehen, sondern man stellt eine Unzahl

---

treten überholt. Das Vereinigte Königreich hat indessen in einem 2008 beschlossenen Gesetz sogar die künstliche Herstellung sogenannter ‚Chimären' (d.h. tier-menschlicher Mischwesen) ausdrücklich gestattet. Einen Widerspruch zu den Menschenrechten sah man darin nicht - vielleicht deshalb, weil Chimären keine Menschen sind? Ungeachtet des Umstandes, dass das Klonen von Menschen und die verbrauchende Forschung an embryonalen Stammzellen gesellschaftlich umstritten sind, werden übrigens öffentliche Forschungsmittel gerade in diese Bereiche gelenkt: auch wer diese Praktiken ablehnt, muss sie durch seine Steuerleistung finanzieren. Bemerkenswert ist dies vor allem auf europäischer Ebene: jene Mitgliedstaaten der EU, in denen Klonen und die Forschung an embryonalen Stammzellen gesetzlich verboten und strafbar sind, sind verpflichtet, solche Projekte über das gemeinschaftliche Forschungsrahmenprogramm mitzufinanzieren.

54 Vgl. CFR-CDF Opinion 4.2005 (FN 41)

55 Vgl. z.B. die 2009 vom Berliner Abgeordnetenhaus beschlossenen Richtlinien für die Sexualerziehung an Grundschulen. Bereits Grundschüler sollen demnach darauf konditioniert werden, Homo- und Transsexualität für ‚normale' sexuelle Verhaltensweisen zu halten. Die zu diesem Zweck ausgearbeiteten Unterrichtsmaterialien sehen u.a. vor, dass Kinder in Scharaden auch Begriffe wie „Sado-Maso", „Orgasmus" und „Darkroom" darstellen sollen (FAZ v. 21. 7. 2011)

neuer Regeln auf, für die man mindestens denselben Grad an Verbindlichkeit beansprucht wie für die überlieferte Moral, an deren Stelle sie treten. Innerhalb der Staaten wird die neue Ethik mit gesetzlichem Zwang durchgesetzt; auf keine Meinungs- oder Gewissensfreiheit darf sich berufen, wer anderer Meinung ist.[56] Gegen Staaten, die sich weigern, ihre interne Rechtsordnung dem neuesten ethischen Meinungsstand anzupassen, wird mit den Mitteln des internationalen Rechts vorgegangen: Das Europäische Parlament oder die Parlamentarische Versammlung des Europarats beschließen Resolutionen, in denen sie ihre ‚Sorge' und ‚Beunruhigung' über die Lage der Menschenrechte in dem betreffenden Land mitteilen, Nichtregierungsorganisationen lancieren Pressekampagnen, die *treaty monitoring bodies* der Vereinten Nationen und der Europäische Gerichtshof für Menschenrechte veröffentlichen Berichte oder erlassen Urteile, mit denen die neue Interpretation der Menschenrechte durchgesetzt werden soll. Auch wirtschaftlicher und politischer Druck wird ausgeübt: so ist es bereits vorgekommen, dass westliche Geberstaaten die Leistung von Entwicklungshilfe davon abhängig gemacht haben, dass im Empfängerland die Abtreibung legalisiert wird.[57] Für kleine, wirtschaftlich abhängige

---

[56] Beispielsweise verurteilte am 29 Juni 2004 ein schwedisches Gericht Pastor Åke Green zu einer einmonatigen Haftstrafe, weil er in einer Predigt Homosexualität als sündhaft bezeichnet hatte. Auch gewählte Parlamentarier genießen keine Redefreiheit mehr: Im Januar 2007 wurde Christian Vanneste, ein Mitglied der französischen *assemblée nationale*, zu einer Geldstrafe von € 3.000 und einer Schadenersatzzahlung von € 10.500 verurteilt, weil er die Meinung geäußert hatte, dass Homosexualität als minderwertige Form der Sexualität angesehen werden müsse.

[57] Als 2006 in Nicaragua ein restriktives Gesetz über Abtreibungen erlassen wurde, schrieben die Diplomaten mehrerer westlicher Staaten einen gemeinsamen Brief an den Präsidenten der Nationalversammlung, Eduardo Gomez, um anzudeuten, dass die für den Wiederaufbau des Landes nach den vom Hurrikan Mitch 1998 angerichteten Verwüstungen immer noch dringend benötigten Finanzhilfen eingeschränkt oder ganz zurückgehalten werden könnten, falls das Gesetz in der vorgesehenen Fassung verabschiedet werden sollte. Unterzeichnet wurde dieser Brief u.a. von den Botschaftern Schwedens und Finnlands, dem kanadischen Beauftragten für Entwicklungshilfe und technische Zusammenarbeit, einem Vertreter des United Nations Development Program (PNUD), und der Leiterin der Delegation der Europäischen Kommission.

Staaten ist es schwer, einem derartigen Druck standzuhalten; es ist daher zu befürchten, dass immer mehr Staaten sich, wenn auch widerwillig, in nächster Zukunft den neuartigen Interpretationen der ‚Menschenrechte', hinter denen die geballte politische und wirtschaftliche Macht des Westens steht, anschließen werden. Auch im Bereich der Menschenrechte scheint zu gelten: *might is right*.

5. Naturrecht oder Menschenrechte?

Es liegt auf der Hand, dass jene Interpretation der Menschenrechte, die den hier geschilderten Entwicklungen zugrunde liegt, mit der katholischen Glaubens- und Morallehre unvereinbar ist und daher von der Kirche keinesfalls unterstützt werden kann. Längst geht es nicht mehr nur darum, in einer nahezu homogen christlichen Gesellschaft Nichtchristen ein Leben nach ihren Vorstellungen zu ermöglichen, sondern es besteht immer mehr die Gefahr, dass in einer säkularisierten Gesellschaft das Bekenntnis des christlichen Glaubens und ein Leben unter Beachtung der christlichen Moral erschwert, wenn nicht geradezu kriminalisiert wird. Der eingangs erwähnte Konflikt zwischen Kirche und Menschenrechten existiert also heute tatsächlich, nur verhält es sich genau umgekehrt: *Nicht die Kirche kämpft gegen die Menschenrechte, sondern die Menschenrechte werden gegen die Kirche gerichtet.* Dies führt wiederum auf die Fragestellung zurück, die man eigentlich überwunden geglaubt hatte: ob die Menschenrechte mit dem Christentum überhaupt vereinbar sind. Sollten etwa die ‚reaktionären' Päpste des 18. und 19. Jahrhunderts mit ihren Warnungen, die man mittlerweile auch innerhalb der Kirche als historische Altlast betrachtet, am Ende Recht behalten?

Diesen Eindruck könnte jedenfalls gewinnen, wer die rhetorische Frage Johannes Pauls II. liest, *„ob nicht hier – vielleicht heimtückischer und verhohlener – wieder eine neue Ideologie des Bösen am Werk ist, die versucht, gegen den Menschen und gegen die Familie sogar die Menschenrechte auszunutzen"*.[58] Wohlgemerkt stellt der polnische Papst ‚die Menschenrechte' bzw. die ihrer Auslegung neuerdings

[58] Johannes Paul II., *Erinnerung und Identität* (2005), S. 26.

innewohnende Ideologie in einen vergleichenden Zusammenhang mit den totalitären Ideologien des 20. Jahrhunderts, also dem Nationalsozialismus und dem Kommunismus, und bezeichnet sie als ‚noch heimtückischer' als diese. Bitter klingen diese Worte, so als hätte sich ihr Autor gerade von den Menschenrechten nur Gutes erwartet und wäre von ihnen enttäuscht worden. War aber diese Erwartung überhaupt gerechtfertigt? Handelt es sich bei den hier beschriebenen Interpretationen der Menschenrechte tatsächlich nur um Fehlentwicklungen, denen die *richtigen* Menschenrechte entgegengehalten werden können? Oder sind diese neuen Interpretationen in den modernen Menschenrechtskonventionen von Anfang an enthalten, sodass es sich keineswegs um Fehlentwicklungen, sondern um logische und erwartbare Fortentwicklungen handelt? Im ersten Fall könnte die Kirche versuchen, die Menschenrechte gegen ihre heutigen Interpreten zu verteidigen und die richtige Interpretation aufzuzeigen; im letzteren Fall aber bliebe ihr nichts anderes übrig, als die Idee der Menschenrechte als solche zu verurteilen und sich von ihr zu distanzieren.

An dieser Stelle empfiehlt es sich, nochmals auf die Enzyklika *Pacem in Terris* zurückzukommen, die als erste Äußerung des kirchlichen Lehramts eine direkte Bezugnahme auf ‚die Menschenrechte' enthält.

Wie erwähnt, hat Johannes XXIII. in diesem Schreiben die AEMR als *„Akt von höchster Bedeutung"* gewürdigt. Doch findet sich diese Würdigung nur eher beiläufig am Ende der Enzyklika (in Abschnitt 143), während der wesentliche Inhalt der Enzyklika darin besteht, die ‚rechte Ordnung unter den Menschen' aus dem *Naturrecht* abzuleiten und Rechte und Pflichten zueinander in Beziehung zu setzen.[59] Die Würdigung der AEMR ist in diesem Zusammenhang zu lesen, denn es heißt dort:

---

[59] Vgl. insb. Abschnitt 30: *„Daraus folgt auch, daß in der menschlichen Gemeinschaft dem natürlichen Recht des einen eine Pflicht der anderen entspricht: die Pflicht nämlich, jenes Recht anzuerkennen und zu achten. Denn jedes Grundrecht des Menschen leitet seine Kraft und Autorität aus dem natürlichen Sittengesetz her; dieses verleiht jenes Recht und legt die entsprechende Pflicht auf. Diejenigen also, die zwar ihre Rechte in Anspruch nehmen, aber ihre Pflichten ganz vergessen oder nicht entsprechend erfüllen, sind denen zu vergleichen, die ein Gebäude mit einer Hand aufbauen und es mit der anderen wieder zerstören."*

„Wir verkennen nicht, daß gegenüber einigen Kapiteln dieser Erklärung mit Recht von manchen Einwände geäußert worden sind. Nichtsdestoweniger ist diese Erklärung gleichsam als Stufe und als Zugang zu der zu schaffenden rechtlichen und politischen Ordnung aller Völker auf der Welt zu betrachten. Denn durch sie wird die Würde der Person für alle Menschen feierlich anerkannt, und es werden jedem Menschen die Rechte zugesprochen, die Wahrheit frei zu suchen, den Normen der Sittlichkeit zu folgen, die Pflichten der Gerechtigkeit auszuüben, ein menschenwürdiges Dasein zu führen. Darüber hinaus werden noch andere Rechte ausgesprochen, die mit den erwähnten in Zusammenhang stehen."

Es zeigt sich also, dass Johannes XXIII. die AEMR keineswegs vorbehaltlos unterstützt hat; vielmehr hat er (nicht näher spezifizierte) Einwände, die seinerzeit geäußert worden waren, für berechtigt gehalten. Viel wichtiger aber ist, dass er die AEMR als eine erste – naturgemäß noch unvollkommene – Stufe auf dem Weg zur Verwirklichung einer internationalen Rechtsordnung sah, die den in *Pacem in Terris* dargelegten Anforderungen des natürlichen Sittengesetzes entsprechen sollte.

Der Maßstab für eine gerechte Rechtsordnung sind also nicht ‚die Menschenrechte', sondern das *Naturrecht*. Die Morallehre der Kirche ist demnach keineswegs eine Sonderlehre für Katholiken, sondern sie stützt sich auf Erwägungen der praktischen Vernunft[60] und beansprucht universale Gültigkeit. Verfehlt sind daher jene heute häufig anzutreffenden Argumentationsmuster, die in kirchlichen Standpunkten zur Abtreibung, zur Ehescheidung, zur Homosexualität oder zur Bioethik eine katholische ‚Sondermoral' sehen wollen, die man Andersgläubigen nicht aufzwingen dürfe.[61] Die

---

60 Vgl. Benedikt XVI., Ansprache vor dem Deutschen Bundestag, 22. September 2011: *„Im Gegensatz zu anderen großen Religionen hat das Christentum dem Staat und der Gesellschaft nie ein Offenbarungsrecht, nie eine Rechtsordnung aus Offenbarung vorgegeben. Es hat stattdessen auf Natur und Vernunft als die wahren Rechtsquellen verwiesen - auf den Zusammenklang von objektiver und subjektiver Vernunft, der freilich das Gegründetsein beider Sphären in der schöpferischen Vernunft Gottes voraussetzt."*

61 Typisch für eine derartige Argumentationsweise ist das bereits erwähnte Gutachten Nr. 4.2005 des EU-Netzwerks unabhängiger Experten für Grundrechte, in dem die Ablehnung von Abtreibungen durchgehend als ‚religiöser' (*implicite:* irrationaler) Standpunkt beschrieben wird; dass die meisten Abtreibungsgegner sich für ihren Standpunkt keineswegs auf re-

Durchsetzung einer Sondermoral war nie ein Anliegen der Kirche; vielmehr erlangt heute die katholische Morallehre in einer pluralistischen Gesellschaft, in der praktizierende Katholiken nur noch eine kleine Minderheit sind, gerade dadurch Relevanz, weil sie als Ausdruck einer objektiven und vernunftgemäßen Moral zu verstehen ist. Genau dies verleiht ihr auch heute ihre Bedeutung; u. zw. durchaus auch im negativen Sinn: die aggressiven Reaktionen, die sie bei ihren Gegnern hervorruft, wären nicht zu erklären, wenn es sich bloß um die Meinung einer kleinen Randgruppe von Restkatholiken handelte. Die Gegner des kirchlichen Standpunkts sehen vermutlich viel klarer als viele Katholiken, dass dieser Standpunkt gar nicht spezifisch katholisch ist, sondern einen *universellen* Geltungsanspruch erhebt, der sich durch Sachargumente untermauern lässt.

Ich will daher in der gebotenen Kürze die klassische Naturrechtslehre skizzieren, wie sie auch heute von der Kirche vertreten wird, um vor diesem Hintergrund die Zusammenhänge zwischen dieser Lehre und den Menschenrechten deutlich zu machen.

Unter der Naturrechtslehre versteht man bekanntlich die Auffassung, dass es ein objektives, für jedermann verbindliches sittliches Gesetz gibt, das der menschlichen Natur gewissermaßen eingeschrieben ist und an allen Orten und zu allen Zeiten unverändert bleibt. Die wichtigsten Regeln dieses Gesetzes sind teils (als primäre Direktiven) unmittelbar einleuchtend, teils können sie (als sekundäre Direktiven) von jedermann aus den unmittelbar einleuchtenden Grundprinzipien mit nur geringer Denkanstrengung abgeleitet werden, sodass man ihre Kennt-nis bei jedermann voraussetzen darf. Daneben gibt es auch tertiäre Direktiven: diese sind aus primären und sekundären Direktiven ableitbar, wofür es jedoch eines höheren Maßes an Sachkenntnis und Unterscheidungskraft bedarf, als der Durchschnittsmensch zu leisten imstande ist. Wäh-

---

ligiöse Argumente (z.B. ‚Gott verbietet die Abtreibung'), sondern auf Vernunftargumente (z.B. ‚Jeder Mensch hat ein Recht auf Leben; auch der Fötus ist Mensch; ergo hat auch er ein Recht auf Leben') stützen, bleibt dabei ganz außer Betracht. In Diskussionen über Abtreibung, Homosexualität, Bioethik etc. hat der Hinweis auf die Religion eines Gesprächspartners sehr häufig die Funktion eines *argumentum ad hominem*, mit dem man sich einer Sachdebatte zu entziehen sucht.

rend also in der überwältigenden Mehrzahl der praktisch anzutreffenden Lebenssituationen Gut und Böse leicht voneinander zu unterscheiden sind, gibt es immer wieder auch Grenzfälle, in denen die Unterscheidung weniger leicht fällt: Hier liegt der Tätigkeitsbereich der Kasuistik, die, je sorgfältiger sie sich mit solchen Grenzfällen beschäftigt, die Grenze zwischen Erlaubtem und Unerlaubtem, Gebot und Verbot, immer genauer zu zeichnen in der Lage ist. Aus der Schwierigkeit der Grenzziehung ergibt sich aber auch, dass, wenn das sittliche Urteil nicht der Subjektivität anheimfallen soll, hier nicht einfach jedermann sein eigenes Urteil bilden kann; vielmehr handelt es sich um eine Aufgabe, die Gelehrte im Auftrag der Gemeinschaft erfüllen müssen, indem sie ein neu auftretendes sachliches Problem auf seine moralischen Implikationen untersuchen (so insbesondere, wenn eine neue Technologie neue Handlungsmöglichkeiten eröffnet). Stets muss dabei aber klar sein, dass vorhandene Prinzipien entfaltet, die vorhandene Unterscheidung verfeinert werden muss; nicht hingegen kann es gestattet sein, willkürlich alte Regeln aufzuheben und neue an ihre Stelle zu setzen.

Das Naturrecht besteht ganz unabhängig vom menschlichen Willen und regelt alle Bereiche des menschlichen Zusammenlebens. Die Vorstellung, dass Gesetz sei, was von Parlamenten als solches erlassen werde, war früheren Epochen ebenso fremd wie der Gedanke, dass der ‚Wille des Volkes' (oder seiner Vertreter) der Ursprung der Gesetze sei. Auch Kaiser und Könige sahen sich nicht als Gesetzgeber, sondern eher als ‚Schützer des Rechts'. Dies mag auch ein Grund dafür sein, weshalb die Gesetzesflut, unter der wir heute klagen, früheren Zeiten ganz unbekannt war: man hielt es nicht für notwendig, alles in allen Einzelheiten durch positives Recht zu regeln; das Naturrecht genügte.

Die Existenz des Naturrechts ist keineswegs eine Erfindung der katholischen Kirche, sondern war schon in vorchristlicher Zeit und bis lange nach der Epoche der Aufklärung unter Juristen und Moralphilosophen völlig unumstritten. Von Cicero stammt die folgende berühmte Definition:

„Est quidam vera lex recta ratio naturae congruens, diffusa in omnes, constans, sempiterna, quae vocet ad officium iubendo, vetando a fraude deterreat; quae tamen neque probos frustra iubet aut vetat nec improbos iubendo aut vetando movet. Huic legi nec obrogari fas est neque derogari

ex hac aliquid licet neque tota abrogari potest, nec vero aut per senatum aut per populum solvi hac lege possumus, neque est quaerendus explanator aut interpres Sextus Aelius, nec erit alia lex Romae, alia Athenis, alia nunc, alia posthac, sed et omnes gentes et omni tempore una lex et sempiterna et immutabilis continebit, unusque erit communis quasi magister et imperator omnium deus: ille legis huius inventor, disceptator, lator; cui qui non parebit, ipse se fugiet ac naturam hominis aspernatus hoc ipso luet maximas poenas, etiamsi cetera supplicia, quae putantur, effugerit."[62]

Auch der berühmte Jurist Ulpian, der Christenverfolgungen rechtfertigte und dessen Denken gewiss nicht vom Christentum geprägt war, kannte das Naturrecht:

„Ius naturale est quod natura omnia animalia docuit.“[63]

Ebenso gingen auch die Philosophen der Aufklärung von der Existenz des Naturrechts aus. Bekannt ist etwa der Satz Kants:

„Zwei Dinge erfüllen das Gemüt mit immer neuer und zunehmender Bewunderung und Ehrfurcht, je öfter und anhaltender sich das Nachdenken damit beschäftigt: Der bestirnte Himmel über mir und das moralische Gesetz in mir.“[64]

Ganz selbstverständlich stützen sich auch die Menschenrechtserklärungen der Aufklärung auf das Naturrecht:

*"all men are **by nature** equally free and independent, and have **certain inherent rights**"*[65];

*«Les représentants du peuple français (...) ont résolu d'exposer, dans une déclaration solennelle, **les droits naturels**, inaliénables et sacrés de l'homme (...) Article 2 – Le but de toute association politique est la conservation **des droits naturels et imprescriptibles** de l'homme.»*[66]

*"Whereas recognition of the **inherent dignity** and of the equal and **inalienable rights** of all members of the human family is the foundation of freedom, justice and peace in the world"*[67]

Die Menschenrechte wurden also in der Aufklärung als Ausfluss des Naturrechts angesehen, und letzten Endes ist dies auch

---

62 Cicero, De re publica III, 22 (33)
63 Ulpian, D 1, 1, 1, 3
64 I. Kant, Kritik der praktischen Vernunft
65 Virginia Bill of Rights (1776)
66 Déclaration des droits de l'homme et du citoyen, Frankreich (1789), Präambel und Art. 2
67 AEMR (1948), Präambel

heute noch die vorherrschende Meinung: die Menschenrechtskonventionen sollen wichtige naturrechtliche Prinzipien kodifizieren und präzisieren. Es folgt aus alledem, dass das Naturrecht und ‚die Menschenrechte' (worunter ich hier die Gesamtheit aller internationalen Menschenrechtsverträge, der in staatlichen Verfassungen enthaltenen Grundrechtekataloge und der von dazu berufenen Organen vorgenommenen Auslegungen verstehe) keineswegs ein und dasselbe sind; vielmehr ist das Naturrecht den Menschenrechten *übergeordnet.* Das Naturrecht ist unwandelbar, das gesatzte Recht, zu dem auch ‚die Menschenrechte' gehören, ist (im Idealfall) sein zeitgebundener Ausdruck. Menschenrechtskonventionen und deren Auslegungen durch Juristen können freilich, wie jedes gesatzte Recht und jede Auslegung desselben, dem Naturrecht widersprechen. Aber selbst dann, wenn (wie es idealerweise zu erhoffen wäre) zwischen den Menschenrechten und dem Naturrecht nie ein Widerspruch bestünde, so blieben doch erstere nur eine *Reduktion* von letzterem; auch im besten Fall könnten die Menschenrechte das Naturrecht nur vereinfachend, bruchstückhaft und unvollkommen zum Ausdruck bringen. Im Unterschied zum gesatzten Recht ist nämlich das Naturrecht *ein organisches Ganzes*; es existiert daher nicht, wie ‚die Menschenrechte', im Plural, sondern nur im Singular. Es ist *ein* Recht, das über alle möglichen und wirklichen, vergangenen und zukünftigen Situationen des menschlichen Lebens ein sittliches Urteil enthält und festlegt, welche Handlungen gut und welche schlecht sind. Die Menschenrechte dagegen sind ein Katalog von Rechten, der stets nur fragmentarisch, unvollständig und in sich widersprüchlich bleibt. Die Entwicklung immer neuer und umfassenderer Menschenrechte, wie man sie etwa am Beispiel der neuen EU-Grundrechtecharta beobachten kann, ändert daran nichts: letzten Endes wird hier nur, indem die Anzahl der so definierten ‚Rechte' vermehrt wird, die Zahl der möglichen Konflikte zwischen verschiedenen ‚Rechten' multipliziert; die Bedeutung der einzelnen ‚Rechte' wird geschmälert und eingeebnet, bis am Ende das ‚Recht auf Leben' und das ‚Recht auf bezahlten Urlaub' auf derselben Ebene stehen.[68] Gewissermaßen ist eine Tendenz zu beob-achten, alles, was politisch wünschbar scheint, zuerst als ‚Recht' und dann sogleich als ‚Grundrecht' zu bezeichnen. Den vie-

[68] Vgl. Charta der Grundrechte der EU, Artikel 2 und 31

len neuen Rechten stehen aber keine Pflichten gegenüber; aus ihnen lassen sich zwar jede Menge Ansprüche[69], aber letztlich keine tragfähige Moral ableiten.

Aus allen diesen Gründen folgt, dass das Naturrecht nach wie vor den Maßstab bildet, mit dem alles positive Recht, einschließlich der Menschenrechte und ihrer Auslegungen, sich messen lassen muss. Dies ist freilich kein katholischer Sonderstandpunkt, sondern liegt, wie sich leicht nachweisen lässt, den Menschenrechtskonventionen selbst zugrunde: wenn die Konventionen die ‚natürlichen' und ‚angeborenen' Rechte des Menschen schützen sollen, sind sie im Licht dieser Rechte auszulegen. Für die Kirche jedenfalls ergibt sich heute nichts anderes als im 19. Jahrhundert: dass sie ‚die Menschenrechte' nur in dem Maß gutheißen und unterstützen kann, in dem diese mit dem Naturrecht im Einklang stehen.

6. Der Niedergang der Menschenrechte und seine Ursachen

Wie wir gesehen haben, sind ‚die Menschenrechte' wie jedes andere gesatzte Recht stets in Gefahr, durch willkürliche positive Gesetzesänderung oder durch entstellende Auslegungen in Widerspruch zum Naturrecht zu geraten. Solange dies nicht geschieht, sind sie als positiv-rechtlicher Ausdruck wichtiger naturrechtlicher Prinzipien gewissermaßen im Naturrecht enthalten; sie sind aber stets nur ein Teil bzw. eine Reduktion desselben, ein Weniger im Verhältnis zum Gesamten. In gewisser Hinsicht ist daher der jetzi-

---

[69] Mary Ann Glendon hat für die heute verbreitete Rhetorik, die dort, wo subjektive Wünsche und Bedürfnisse erfüllt werden sollen, immer neue Rechte proklamiert (z.B.: *„Ich habe das Recht, jederzeit und überall das zu tun, was ich will"*), den Begriff ‚*rights talk*' geprägt; Chantal Delsol (*Le souci contemporain* (1996)) spricht von einer ‚Sakralisierung der Rechte'. Gut zu beobachten ist dieses Phänomen insbesondere bei den Vereinten Nationen, die ihre gesamte Tätigkeit auf die Basis der (neuen Konzeption der) Menschenrechte stellen, was dort als ‚*rights based approach*' bezeichnet wird. Notwendigerweise führt dies dazu, dass der Sinngehalt des Begriffes ‚Menschenrechte' immer weiter ausgedehnt wird – ansonsten fehlte einem erheblichen Teil der Tätigkeit der UNO die rechtliche Grundlage.

ge Niedergang der Menschenrechte bereits in ihrer Natur als positives Recht zugrunde gelegt: man hat das Naturrecht auf einige wichtige ‚Rechte' reduziert und hat fürderhin diese ‚Rechte', nicht aber das Naturrecht als Ganzes, zur Grundlage der Rechtsordnung gemacht. Je weniger das Naturrecht zur Interpretation der Menschenrechte herangezogen wird, desto mehr werden diese aus ihrem ursprünglichen Kontext herausgelöst; sie verselbständigen sich und werden zur Basis einer positivistischen Rechtsordnung, in der sie nur noch einen letzten vagen Anklang an das tradierte Naturrecht bilden. Man könnte die Geschichte der Menschenrechte durchaus auch als Geschichte einer Emanzipation vom Naturrecht beschreiben. So betrachtet ist es auch kein Wunder, dass die ersten Menschenrechtsdokumente im Zeitalter der Aufklärung und, wie Ballestrem erwähnt, unter maßgeblichem Einfluss radikaler Gegner der Religion entstanden. Es handelte sich um den Versuch einer Emanzipation; den sittlichen Gehalt des Naturrechts wollte man zwar beibehalten, zugleich aber sich von ihm befreien, nur die ‚Rechte' bewahren, die Pflichten aber außer Acht lassen. Wohl trifft es daher zu, dass ‚die Menschenrechte' nur im christlichen Kulturkreis entstehen und vielleicht auch nur in ihm breite Anerkennung finden konnten. Doch in derselben Weise könnte man sagen, dass der Protestantismus nicht ohne die katholische Kirche, oder dass der Bolschewismus nicht ohne das Zarenregime gedacht werden kann: das Spätere folgt immer auf das Frühere, die Reduktion immer aus dem Vollständigen, die Antithese aus der These, das Schlechte aus dem Guten. *Malum ex quocumque defectu, bonum ex integra causa.*

Für das Verhältnis zwischen ‚den Menschenrechten' und dem Naturrecht ist es kennzeichnend, dass ‚die Menschenrechte' nur dann zur Grundlage einer (staatlichen oder internationalen) Rechtsordnung taugen, wenn sie im Licht des Naturrechts ausgelegt werden. Ist dies nicht der Fall, so haben ‚die Menschenrechte' ein gefährliches Potenzial, sich gegen den Menschen zu kehren; ist es aber der Fall, so fragt es sich trotzdem, wozu man ‚die Menschenrechte' überhaupt braucht, da man doch im Naturrecht eine wesentlich bessere Orientierungshilfe findet. Es handelt sich hier gewissermaßen um einen angeborenen Fehler der ‚Menschenrechte', der es ermöglicht, sie nicht nur, wie Johannes XXIII., als erste Stufe eines Aufstiegs, sondern genauso gut als erste Stufe eines Abstiegs zu begreifen, der Schritt für Schritt zur Entstehung einer Rechtsordnung führt, die dem Naturrecht völlig entfremdet, ja, ihm ganz entgegengesetzt ist.

Als auffälligstes Symptom dieser Entwicklung ist auf die unter heutigen Juristen verbreitete *Unkenntnis* der Naturrechtslehre hinzuweisen; diese wird ja an den juristischen Fakultäten kaum noch gelehrt. Überhaupt scheinen grundlegende rechtsphilosophische und methodologische Fragestellungen bei der Juristenausbildung inzwischen eine wesentlich geringere Rolle zu spielen als die detailgenaue Kenntnis einzelner Gesetzesparagraphen; dies, obwohl die Lebensdauer einzelner Rechtsvorschriften oft nur gering ist, während die philosophischen Grundfragen immer dieselben bleiben.

Mit der Unkenntnis der Naturrechtslehre geht oft ihre vehemente Zurückweisung Hand in Hand: man hält das Naturrecht für unbestimmt und esoterisch, und meint, dass sich hinter dem Begriff nur die subjektiven Ansichten jener verbärgen, die sich darauf berufen. Stattdessen hält man sich lieber an das positive Gesetzesrecht: was man schwarz auf weiß besitzt, kann man getrost nach Hause tragen. Übersehen wird dabei, dass Generationen von Juristen seit Jahrhunderten immer dieselben juristischen Fragestellungen bearbeitet haben; der hierbei entwickelte Konsens ist in vielen Punkten aussagekräftiger als ein Gesetz, das vielleicht nur eine vorübergehende Laune eines Gesetzgebers zum Ausdruck bringt. Auch ist zu bemerken, dass der moderne Menschenrechtsdiskurs sich ja sehr häufig *gegen* das bestehende Recht wendet; notwendigerweise muss er sich daher auf außerhalb der positiven Rechtsordnung bestehende Gerechtigkeitsvorstellungen – und letzten Endes auf naturrechtliche Erwägungen – berufen.[70] Das Problem ist

---

[70] Man fordert beispielsweise die Abschaffung der Todesstrafe deswegen, weil sie (im betreffenden Land) vom Gesetz vorgesehen ist, und nicht deswegen, weil sie es nicht ist. Die Ansicht, dass die Todesstrafe ‚den Menschenrechten' widerspricht, kann sich heute (freilich nur in Europa) auf das 2003 in Kraft getretene 13. Zusatzprotokoll zur EMRK und die (noch nicht in Kraft getretene) EU-Grundrechtecharta stützen. Aber was war vor dem Zusatzprotokoll? Gleiches gilt für die Forderung nach Beseitigung von Diskriminierungen Homosexueller: diese Forderung wäre gegenstandslos, wenn die positive Rechtsordnung homosexuelle Paare bereits jetzt mit Ehepaaren gleichstellte. Ebenso können sich Forderungen nach

aber, dass (wohl infolge der verbreiteten Unkenntnis und Zurückweisung der klassischen Naturrechtslehre) die heute von Menschenrecht-lern verwendeten Gerechtigkeitserwägungen oft nur noch als abstruse Verzerrungen naturrechtlichen Argumentierens bezeichnet werden können.

Ein typisches Beispiel ist ein kürzlich veröffentlichtes Arbeitspapier der Parlamentarischen Versammlung des Europarats[71], das den Entwurf zu einer Resolution enthält, mit der ‚Homophobie' verurteilt werden soll und in dem Homosexualität als *„a natural variant of human behaviour"* bezeichnet wird. Welcher Naturbegriff liegt solchen Aussagen zugrunde? Offenkundig liegt hier ein naturalistischer Fehlschluss vor: man glaubt, dass alles, was in der Na-

---

Anerkennung eines ‚Menschenrechts' auf straffreien und ungehinderten Zugang zu Abtreibung nicht auf positives Recht berufen, sondern wenden sich gegen die bestehende Rechtslage, die ein solches Recht nicht vorsieht. In allen diesen Fällen wird im Grunde ‚naturrechtlich' argumentiert, wobei aber offenkundig verkehrte Auffassungen über den Gehalt des Naturrechts zugrunde liegen.

71 *Discrimination on the basis of sexual orientation and gender identity* (Doc. 12087 vom 8. Dezember 2009). Bereits der Gebrauch dieser beiden programmatischen Kernbegriffe deutet eine Flucht aus der Wirklichkeit an: *"Gender identity" refers to each person's deeply felt internal and individual experience of gender, which may or may not correspond to the sex assigned at birth, including the personal sense of the body (which may involve, if freely chosen, modification of bodily appearance or function by medical, surgical or other means) and other expressions of gender, including dress, speech and mannerisms....* Mit anderen Worten: die Identität wird nicht bestimmt durch das Geschlecht, das jemand *tatsächlich hat* (diese tatsächliche Geschlechtsidentität wird als Ergebnis einer unerwünschten Fremdbestimmung – *assignment* – abgetan), sondern durch das Geschlecht, das man zu haben glaubt: das subjektive Empfinden soll also Vorrang vor den feststellbaren Tatsachen genießen. Vor diesem Hintergrund ist es nachgerade grotesk, dass man allfälligen Gegnern dieses Denkansatzes einen durch religiöse Dogmen motivierten Subjektivismus zum Vorwurf macht. In einer wissenschaftlichen Debatte würde der Gebrauch derartiger ‚Argumente' für Belustigung sorgen und den solcherart untermauerten Standpunkt disqualifizieren; dass sich dergleichen in den Arbeitspapieren politischer Organe findet, ist hingegen in demokratiepolitischer Sicht höchst beunruhigend.

tur zu beobachten ist, allein schon aus diesem Grund ‚naturgemäß' sei und daher dem Naturrecht entspreche.[72]

Noch erstaunlicher ist das Argument einer britischen Autorin, die aus dem Umstand, dass man homosexuelle Verhaltensweisen bei vielen verschiedenen Tieren beobachten kann, ableitet, dass derartiges Verhalten auch für den Menschen naturgemäß sei:

"The fact is that same-sex sexual behaviour is 'natural' for a great many animal species, including our own. It may be either morally good or morally bad in our estimation, but it is part of everyday nature."[73]

Hier wird sogar der Unterschied zwischen Mensch und Tier (bzw. der Unterschied aller Spezies untereinander) geleugnet; genauso gut könnte man sagen, dass das Paarungsverhalten eines Marienkäfers auch für einen Gorilla naturgemäß sei, oder umgekehrt. Freilich könnten mit solchen Argumenten auch Polygamie, Pädophilie, Unzucht mit Tieren, Kannibalismus und vieles andere für ‚naturgemäß' erklärt werden, was die Autorin freilich nicht zu stören scheint. Vielleicht liegt ihre Absicht ja auch nicht darin, ihren eigenen Standpunkt zu begründen, sondern mit einem *argumentum ad absurdum* die Unbeweisbarkeit aller Standpunkte und die Relativität aller moralischen Urteile, einschließlich ihres eigenen, nachzuweisen. Dass man solche ‚Argumente' nicht ernst nehmen kann, bedarf wohl keiner näheren Erklärung. Doch man muss feststellen, dass sie nicht nur auf politischer Ebene, sondern sogar in ‚wissenschaftlichen' Publikationen immer wieder Verwendung finden, ohne auf allzu viel Widerspruch zu stoßen: Das intellektuel-

---

[72] Solchen Argumenten, die man nur als Versuch deuten kann, den mittelalterlichen Universalienstreit wiederzubeleben, liegt die Leugnung des Allgemeinbegriffs ‚Mensch' zugrunde: Es gibt nicht den ‚Menschen an sich', sondern nur einzelne Menschen, deren Verhalten immer als ‚natürlich' anzusehen ist, weil es ja *in natura* an ihnen zu beobachten ist. Ein deviantes Verhalten kann demnach *ex definitione* nicht existieren. Wollte man dieses Argument gelten lassen, dann könnte man freilich auch einen kranken Menschen nie als solchen bezeichnen, geschweige denn ihn heilen: man hätte keinen Begriff davon, was den kranken vom gesunden Menschen unterscheidet; die Krankheit wäre dann eben der ‚natürliche', normale Zustand des betreffenden Menschen.

[73] Kay Goodall, *Human Rights Pitted Against Man (II) – a Response*, International Journal of Human Rights 7/ 2010 , pp. 1165–1184

le Niveau, auf dem heute grundlegende gesellschaftliche Fragen verhandelt werden, erweist sich als beklagenswert niedrig.

Tatsächlich ist bei Autoren, die gegen vermeintliche Ungerechtigkeiten der positiven Rechtsordnung argumentieren, das klassische Naturrecht aber ablehnen, ein Abgleiten in puren Subjektivismus die unvermeidliche Folge. Ein gutes Beispiel hierfür ist das folgende Argument des britischen Juristen Nicholas Bamforth, der für die gesetzliche Anerkennung homosexueller Beziehungen eintritt und hierfür *'arguments of justice'* ins Treffen führt. Gegen die von John Finnis[74] und Robert George[75] vertretene Naturrechtslehre argumentiert er:

"The new natural lawyers are, in short, prepared to dismiss the most personal and intimate feelings of many millions of people because of their failure to match up to a set of pre-ordained, absolute moral rules (...) Their disregard for the feelings and experiences of so many human beings – which are valuable and important to their holders – implies a complete lack of concern for the diversity of human experience and a blind determination to fit the world into a prescribed 'reality'".[76]

Man sieht, worauf sein *'argument of justice'* beruht: auf *„zutiefst persönlichen und intimen Gefühlen"* und als *„wertvoll und wichtig"* empfundenen *„Erfahrungen"*. Die Gerechtigkeit, nach der er strebt, lässt sich also am ehesten dahingehend deuten, dass die menschliche Sexualität keinen anderen Normen unterliegen soll als den subjektiven Bedürfnissen und Interessen jedes Einzelnen, die gerechterweise alle in gleicher Weise befriedigt werden müssen. Die Wirklichkeit (*"a pre-scribed reality"*) wird abgelehnt, weil sie vorgegeben ist und den eigenen Wünschen widerspricht: die Auflehnung gegen das Naturrecht stellt sich letztlich als Kampf gegen die Wirklichkeit heraus, die man durch subjektive Deutung überwinden will. Man fühlt sich an den Satz Sartres erinnert: *«La nature des cho-*

---

74 John Finnis, *Law, Morality, and 'Sexual Orientation'*, (1993/94) 69 Notre Dame Law Review 1049

75 Robert George, *In Defense of Natural Law* (Oxford, Clarendon Press, 1999)

76 Nicholas Bamforth, *Same-Sex Partnerships and Arguments of Justice*, in: R. Wintemute, Mads Adenas (Hrsg.), *Legal Recognition of Same-sex Partnerships: A Study of National, European and International Law* (Hart Publishing, 2001), S. 53

ses, voilà l'ennemi. L'homme qui fait son métier d'homme est celui qui refuse de s'y soumettre.»

Freilich stellt diese Art des ‚Philosophierens' nicht eine Suche nach Erkenntnis dar, sondern ist geradezu eine Flucht vor ihr. Im heutigen Menschenrechtsdiskurs zählt der subjektive Wille mehr als das objektive Faktum. Die Menschenrechte dienen zur Verwirklichung politischer Zielsetzungen; diese sind ihrerseits aber nicht durch die menschliche Natur unveränderbar vorgegeben, sondern durch den (stets wandelbaren) menschlichen Willen bestimmt. Keineswegs ist es daher verwunderlich, dass ‚die Menschenrechte' im juristischen Schrifttum und in der Rechtsprechung inzwischen nahezu ausnahmslos und ganz unstrittig als etwas Veränderliches, Form- und Wandelbares betrachtet werden. Diese Wandelbarkeit der Menschenrechte hat natürlich auch Auswirkungen auf das Selbstbild der einschlägig tätigen Richter und ‚Rechtsexperten': sie sehen ihre Aufgabe überhaupt nicht darin, das Recht so, wie sie es vorfinden, anzuwenden, sondern darin, es zu verändern und ‚fortzubilden'.[77] Diese Fortbildung hat aber, um beim oben verwendeten Bild zu bleiben, keineswegs den Charakter einer immer genaueren Feststellung der Grenzen, sondern vielmehr den einer Grenzverschiebung; es geht nicht darum, dem moralischen Gesetz bis in die feinsten Verästelungen nachzuspüren, sondern es ständig neu zu entwerfen.

Dieser bei vielen Menschenrechtlern anzutreffende Aktivismus ist überaus bedenklich: er führt dazu, dass die Fortentwicklung der ‚Menschenrechte' heute einerseits vom naturrechtlichen Denken weitestgehend abgekoppelt ist, andererseits aber auch nur schwer-

---

[77] Sehr zutreffend kritisiert dies Javier Borrego, ein früherer Richter am EUGHMR, in einem Beitrag für die spanische Tageszeitung *El Mundo* vom 17. Dezember 2009: „ *... desde el comienzo de este siglo, Estrasburgo está produciendo -primero muy aisladamente pero en los últimos años con una cierta periodicidad- una especie de lecciones profesorales, que no sentencias, que ponen en evidencia una realidad preocupante en la institución. En el Tribunal Europeo, como ocurre en varios estados del continente, la presencia de profesores en altos tribunales es algo cada vez más frecuente. Y los profesores devenidos en jueces son, salvo notorias excepciones, unos pésimos jueces. Admiro a muchos profesores, pero aplicar el Derecho al caso no es algo que, en general, les entusiasme.* ***Ellos piensan que, una vez llegados a jueces, es el momento de trasladar sus previas opiniones a la sentencia, convirtiendo al tribunal en un órgano legislador.*** "

lich auf parlamentarische Voten oder auf internationale Übereinkünfte zurückgeführt werden kann: denn die Neuschaffung des moralischen Gesetzes ist das Werk von Eliten, kein demokratischer Vorgang. In den meisten Ländern Westeuropas wurden Reformen wie die Straffreiheit der Abtreibung oder (in manchen Ländern) die gesetzliche Anerkennung homosexueller Partnerschaften zwar mit knappen Parlamentsmehrheiten beschlossen; für das Fortbestehen dieser Reformen entscheidend war aber, dass sie im Nachhinein von den Verfassungsgerichten der betreffenden Staaten (mit zum Teil überraschenden Entscheidungen) gutgeheißen wurden. In den meisten anderen Weltgegenden geht es ganz ohne Gesetzesbeschluss: der gesellschaftliche Wertewandel wird von den Höchstgerichten als ‚Revolution von oben' durchgesetzt, ohne dass jemals das Volk oder seine gewählten Vertreter hierüber entscheiden dürfen.[78]

Eine sehr wesentliche Rolle spielen hierbei auch die internationalen Bürokratien der UNO und der EU und eine kleine Anzahl von Nichtregierungsorganisationen, die über einen besonders privilegierten Zugang zu diesen Bürokratien zu verfügen scheinen, von denen sie gerne als ‚die Zivilgesellschaft' bezeichnet werden. Das merkwürdige Zusammenspiel zwischen der UNO und der sogenannten ‚Zivilgesellschaft', das die legitimen Vertreter der Völker, nämlich die Staaten und Regierungen, gewissermaßen von zwei Seiten in die Zange nimmt, wurde lange Zeit von der breiteren Öf-

---

[78] Ein besonders drastisches Beispiel ist das Urteil *Roe vs. Wade* des US Supreme Court, in dem das Höchstgericht entschied, dass die Straffreiheit der Abtreibung nicht nur mit der Verfassung vereinbar, sondern sogar *von ihr geboten* sei: somit waren alle (Verfassungs-)Gesetze aller Bundesstaaten, mit denen Abtreibung unter Strafe gestellt wurde, mit einem Schlag als (bundes-)verfassungswidrig anzusehen. Weder vor noch nach diesem Urteil wurde jemals in den Vereinigten Staaten auf Bundesebene oder in einem Bundesstaat ein Gesetz erlassen, das Abtreibung erlaubt; auch alle seit *Roe vs. Wade* erlassenen Gesetze zielen darauf ab, die Verfügbarkeit straffreier Abtreibungen wenigstens einzuschränken oder an gewisse Bedingungen zu knüpfen. Ähnliches geschieht in den USA im Hinblick auf die Anerkennung homosexueller Partnerschaften: In jenen Bundesstaaten, die eine solche ‚Homo-Ehe' vorsehen, ist dies auf Entscheidungen der jeweiligen Höchstgerichte zurückzuführen, nicht auf Entscheidungen des Gesetzgebers, und erst recht nicht auf den Volkswillen.

fentlichkeit nicht einmal bemerkt; erst in letzter Zeit haben einige Publikationen, unter denen das Buch des belgischen Priesters Michel Schooyans[79], die Analyse der belgischen Journalistin Marguerite Peeters[80] und die regelmäßigen Veröffentlichungen des *Catholic Family & Human Rights Institute*[81] besondere Hervorhebung verdienen, ein wenig Licht in das Dunkel dieser Vorgänge gebracht. Wie man diesen Veröffentlichungen entnimmt, bringen radikale *advocacy groups*[82] gegen alle Gesetze, die von Staaten zum Schutz des ungeborenen Lebens oder zum Schutz der traditionellen Familie erlassen werden, systematisch Beschwerden bei den *treaty monitoring bodies* der UNO oder dem Europäischen Gerichtshof für Menschenrechte ein, wobei sie davon ausgehen können, dass die in diesen Gremien tätigen ‚Menschenrechtsexperten' mit ihren Anliegen sympathisieren und sie bei der Durchsetzung ihrer Agenda unterstützen. Man gibt sich nicht einmal viel Mühe, die Verflechtung zwischen UN-Bürokratie und ‚Zivilgesellschaft' geheim zu halten: so gehören drei prominente Sonderberichterstatter[83] für Men-

---

[79] Michel Schooyans, *La face cachée de l'ONU*, (Paris, 2000)

[80] Marguerite A. Peeters, *Hijacking Democracy: The Power Shift to the Unelected*, American Enterprise Institute Press (2002) (im Internet: http://www.aei.org/docLib/20030103_hijackingdemocracy.pdf)

[81] Catholic Family and Human Rights Institute, 866 United Nations Plaza, Suite 495, New York, New York 10017; (http://www.c-fam.org). Das Institut veröffentlicht einen wöchentlichen elektronischen Newsletter (Friday Fax) über Vorgänge in den Vereinten Nationen. Daneben hat es eine Reihe sehr empfehlenswerter Druckschriften herausgegeben. Eine lesenswerte Abhandlung über die Entstehung ‚neuer' Menschenrechte ist: Douglas A. Sylva/Susan Yoshihara, *Rights by Stealth*, C-Fam International Organizations Research Group, White Paper Series No. 8, New York (2007),

[82] Es gibt inzwischen einige spezialisierte *human rights advocacy groups,* wie das *'Center for Reproductive Rights'* oder *'Catholics for a Free Choice'*, deren einzige Aktivität im Kampf für die Legalisierung der Abtreibung besteht. Andere Gruppen wie ILGA oder INTERIGHTS kämpfen für die gesellschaftliche Anerkennung der Homosexualität. Befremdlich ist, dass ehemals angesehene Organisationen wie *'Amnesty International'*, die durch ihren langjährigen Einsatz für verfolgte Dissidenten einen guten Ruf erworben haben, sich nunmehr ebenfalls für die Verwirklichung dieser Agenda einsetzen. Dieser plötzliche Schwenk dürfte ihnen zwar die Unterstützung neuer Geldgeber einbringen, zerstört aber zugleich ihre Glaubwürdigkeit.

[83] Paul Hunt, UN-Sonderberichterstatter über das Recht auf Gesundheit; Philip Alston, UN-Sonderberichterstatter über außergerichtliche Hinrichtun-

schenrechte der UNO ganz offiziell dem juristischen Beraterteam der radikalen Abtreibungslobby *Center for Reproductive Rights* an, die die weltweite völlige Beseitigung aller gesetzlichen Restriktionen der Abtreibung anstrebt; diese Juristen beraten die Organisation offenbar bei der Formulierung derselben Beschwerden, über die sie in weiterer Folge als ‚unabhängige Gutachter' selber entscheiden. Was in keinem Gericht der Welt möglich wäre, ist unter Menschenrechtlern und NGOs offenbar kein Problem: man kennt sich ja, und weiß, dass man gemeinsam auf der ‚guten' Seite steht. Vor diesem Hintergrund betrachtet erscheinen dann die zahlreichen an Staaten und Regierungen gerichteten Aufforderungen der verschiedenen UN-Ausschüsse, Abtreibungen zu legalisieren, verpflichtende Sexualaufklärung an den Schulen einzuführen, die Ausbreitung von HIV/AIDS mit der Verteilung von Kondomen zu bekämpfen (anstatt sexuelle Abstinenz oder eheliche Treue zu empfehlen), etc., in einem ganz anderen Licht: Die ‚Menschenrechte', die hier durchgesetzt werden sollen, entsprechen nicht einem weltweiten moralischen Konsens, sondern den Vorstellungen und Wünschen der UN-Bürokraten und der von ihnen handverlesenen *advocacy groups*.[84]

---

gen; Martin Scheinin, UN-Sonderberichterstatter über den Schutz der Menschenrechte im Zusammenhang mit dem Kampf gegen den Terrorismus. Martin Scheinin war auch Mitglied des EU-Expertennetzwerks, das (ganz im Sinne von CRR) den ungehinderten Zugang zur Abtreibung für ein ‚Recht' hält.

84 Ein erschreckendes Beispiel für die Art und Weise, in der manche Nichtregierungsorganisationen in den Prozess der ‚Fortentwicklung der Menschenrechte' einbezogen werden, während man andere systematisch ausgrenzt, ist das vom United Nations Population Fund (UNFPA) gemeinsam mit der Deutschen Bundesregierung im September 2009 in Berlin ausgerichtete *Global NGO Forum on Sexual and Reproductive Health and Population Development*. An der Konferenz teilnehmen durften nur radikale Befürworter der Abtreibung, wie etwa die *advocacy groups* ‚Catholics for Choice', I-pas, International Planned Parenthood Federation (IPPF) und Marie Stopes International, während alle abtreibungskritischen Gruppen, die sich um eine Teilnahme bemühten, bereits im Vorfeld abgewiesen wurden. Bemerkenswert ist auch, dass Journalisten, von denen man kritische Berichterstattung erwartete, gar nicht erst akkreditiert wurden, während für linientreue Journalisten sogar die Kosten für Anreise und Aufenthalt übernommen wurden. Der Eindruck eines weltweiten Konsenses der Völker und Nationen, der durch derartige Veranstaltungen vermittelt wer-

Zu Letzteren ist übrigens festzuhalten, dass sie, obwohl sie sich als ‚die Zivilgesellschaft' ausgeben, in Wirklichkeit nur einen verschwindend kleinen Teil derselben repräsentieren, meist nur über eine sehr begrenzte Anzahl von Mitgliedern verfügen[85] und oft von den Zuwendungen sehr weniger (zuweilen freilich sehr zahlungskräftiger) Geldgeber abhängig sind.[86]

---

den soll (man prahlte mit *„mehr als 400 Delegierten aus 131 Staaten"*), ist eine schamlose Manipulation, die im konkreten Fall vom deutschen Entwicklungshilfeministerium mit Steuermitteln finanziert wurde.

85 Welch merkwürdige Blüten die von den Vereinten Nationen geförderte ‚Zivilgesellschaft' hervorbringt, zeigt sich am Beispiel von ‚Catholics for a Free Choice' (CFFC), einer Gruppe, die vorgibt, jenen Teil der katholischen Gläubigen zu vertreten, die als loyale Glieder der Kirche aufgrund fundierter theologischer Argumente in Fragen des Lebensschutzes zu anderen Urteilen gelangt seien als das kirchliche Lehramt. In Wahrheit sind nicht nur die Mitglieder der Organisation nicht katholisch und ihre Argumente nicht fundiert, sondern die Gruppe scheint über fast gar keine Mitgliedschaft zu verfügen. Umso erstaunlicher ist es, dass die Vereinten Nationen die Gruppe als Bestandteil der ‚Zivilgesellschaft' akkreditiert. Hierzu liest man bei Thomas E. Woods, *War on Faith – How CFFC Seeks to Undermine the Catholic Church* (New York, C-Fam, 2001): *"For years, spokesmen for CFFC boasted that the group had 5,000 members. The organization's tax returns, however, consistently told a very different story, with a negligible fraction of CFFC's income coming from subscription fees and over 97% of its funds being donated by private foundations and tax-exempt groups. Under pressure, (it was) ultimately admitted: 'We're not a membership organization. We have no membership.' As one commentator put it, 'The voice of dissent, it turned out, was not a mass movement, but a spokesperson with a fax machine.'"*

86 Nichtregierungsorganisationen, die sich für Bevölkerungsplanung und Geburtenkontrolle einsetzen, erhalten einen sehr erheblichen Anteil ihrer Finanzmittel von einer kleinen Anzahl amerikanischer Stiftungen zugewendet, unter denen insbesondere die Ford Foundation, die Hewlett Foundation, die Packard Foundation, das von George Soros gegründete Open Society Institute und die Bill and Melinda Gates Foundation von großer Bedeutung sind. Indem eine Vielzahl inhaltlich gleichgesinnter Organisationen ihre Finanzmittel überwiegend aus denselben Quellen erhalten, entsteht ein irreführender Eindruck von ‚Pluralismus': man könnte sagen, dass die ‚Zivilgesellschaft' zum Teil nichts anderes ist als ein von diesen Stiftungen errichtetes Potemkinsches Dorf. Was die Situation in Europa betrifft ist zu bemerken, dass eine Reihe von kontroversiellen *advocacy groups* ihre Finanzmittel direkt aus den Finanztöpfen der Europäischen Union erhalten; so scheint beispielsweise ILGA Europe, der europäi-

Sieht man sich den Menschenrechtsdiskurs der UN-Bürokratie, des Europarats und der von ihnen als bevorzugte Partner behandelten Nichtregierungsorganisationen genauer an, so trifft man auf ein merkwürdiges Phänomen: Zunehmend besinnt man sich auf abgesonderte Gruppen von *rights bearers*, deren Rechte aus irgendwelchen Gründen eines besonderen Schutzes bedürfen. Spezielle Übereinkommen schützen die Rechte des Kindes, der Frauen, der Menschen mit Behinderung; neuerdings scheint auch ein besonderes Augenmerk auf die Rechte von Menschen mit ‚unterschiedlicher sexueller Orientierung' gelegt zu werden. Die Menschenrechte verlieren auf diese Weise ihren unumstrittenen und universalgültigen Charakter; stattdessen entfaltet sich eine neuartige Dialektik, die Anklänge an marxistische Theorien enthält: Anhand bestimmter Merkmale identifiziert man bestimmte Gruppen von Menschen als ‚Unterdrückungsopfer' (z.B. Kinder, Frauen, Homosexuelle, Behinderte, Migranten), denen man andere Gruppen (z.B. Eltern, Männer, Heterosexuelle, Nichtbehinderte, Einheimische) gegenüberstellt, denen kollektiv die Rolle der ‚Unterdrücker' zugewiesen wird. Auf diese Weise wird der Einsatz für den Schutz der Menschenrechte als eine neue Art des Klassenkampfs inszeniert, der sich insbesondere gegen das Feindbild der bürgerlichen Familie richtet: die ‚Opfer' werden als einsame Rechteinhaber betrachtet, deren Rechte vor allem gegen die eigenen Familienangehörigen geschützt werden müssen und daher nur vom Staat garantiert werden können.

Wenn die solcherart fortzuentwickelnden ‚Menschenrechte' im gesellschaftlichen *mainstream* Westeuropas und Angloamerikas kaum auf Einwände, zum Teil aber sogar auf weitgehende Zustimmung stoßen, so ändert dies nichts an der schlichten Tatsache, dass ihre dynamische Fortentwicklung zunehmend den Charakter einer sinnentstellenden Manipulation annimmt. Die Glaubwürdigkeit der Menschenrechte als ein Ausdruck des Naturrechts wird

---

sche Zweig der International Lesbian and Gay Association, zu zwei Dritteln direkt von der Europäischen Kommission finanziert zu werden (dieses Faktum wurde von der seinerzeitigen schwedischen Ministerin und nunmehrigen EU-Kommissarin Cecilia Malmstrom bei einer am 18. Mai 2007 in Warschau bei einem Aufmarsch Homosexueller gehaltenen Rede mitgeteilt).

dadurch nach und nach untergraben, und ihr Anspruch auf universelle Geltung wird für diejenigen, die in diesem heimlichen Rechtserzeugungsprozess nicht mitwirken können, immer weniger nachvollziehbar. Nur eingeschränkt kann man die Menschenrechte als ‚positives Recht' betrachten, da ihr materieller Gehalt nur zum kleineren Teil direkt aus den Texten der internationalen Konventionen, zum (inzwischen) weitaus größeren Teil aber aus der mitunter sehr ‚kreativen' Auslegung dieser Texte im *case law* der *treaty monitoring bodies* hervorzugehen scheint. Schwerlich kann man auch behaupten, dass die ‚Menschenrechte' einen globalen moralischen Konsens reflektieren, oder dass sie sich auf demokratische Rechtsetzungsverfahren zurückführen lassen. Am ehesten muss man sie als ein ausgesprochenes Elitenprojekt verstehen, das darauf abzielt, eine politische Agenda, die den in den säkularisierten westlichen Eliten momentan vorherrschenden Meinungen und Wertvorstellungen entspricht, weltweit durchzusetzen.

Zwischen dieser modernen Welt der Menschenrechte und dem klassischen Naturrecht klafft ein weiter Abgrund: Es ist der Unterschied zwischen einer immanentistischen Sicht auf das Recht, das als ein Produkt menschlichen Wollens und Schaffens begriffen wird, und einer transzendentalen Sichtweise, die das Recht als etwas dem Menschen Vorgegebenes ansieht.

7. Schlussfolgerung

Nach alledem kommt diese Analyse zu einem weniger optimistischen Ergebnis als Karl Graf Ballestrem, der in seinem Aufsatz von einem *„Siegeszug der Menschenrechte"* gesprochen hat.

Ein Siegeszug ist es wohl – allerdings nur dann, wenn man die Anzahl der internationalen Konventionen, der Arbeitspapiere, der Politiker und Nichtregierungsorganisationen, die das Wort ‚Menschenrechte' ständig im Mund führen, ins Auge fasst: eine Inflation umtriebiger Organisationen und wohlklingender Worte. Wer aber den Inhalt des Gesagten zur Kenntnis nimmt, der muss sich fragen, ob ein solcher Siegeszug wirklich ein reiner Grund zur Freude ist. Denn es ist festzustellen, dass durch neue Regeln und neue Institutionen zuerst einmal nur *neue Machtstrukturen* entstehen, die, wie sich gerade im Fall der Vereinten Nationen oder des Europäischen Gerichtshofs für Menschenrechte zeigt, von einer demokratischen Legitimation oft weit entfernt und einer Kontrolle über ihre Tätigkeit weitestgehend entzogen sind. Eine solche Machtkonzentration, die die betreffenden Institutionen in Versuchung führt, im rauschhaften Gefühl ihrer Letztentscheidungsbefugnis Recht nicht nur anzuwenden, sondern es gleich auch noch selbst zu erfinden, wäre schon unter normalen Voraussetzungen gefährlich.

Hinzu kommt aber, dass den Menschenrechten mit dem Bezug auf das Naturrecht ihre geistige Grundlage verlorengegangen zu sein scheint. Sie sind zu einem schillernden Begriff geworden, der jedermann zur Verfügung steht, um jedes beliebige politische Anliegen in ein hübsches Gewand zu kleiden, während gleichzeitig wirklich grundlegende Rechte, wie es etwa mit dem Recht auf Leben im Falle der Abtreibung geschieht, von einfachen Parlamentsmehrheiten nach Belieben eingeschränkt werden können, ohne dass die inzwischen zahlreichen Grundrechtskataloge dagegen auch nur den geringsten Schutz böten. Da heißt es dann, man habe eben zwischen zwei wichtigen Menschenrechten, dem Recht des Kindes auf Leben, und dem Recht der Frau auf Selbstbestimmung, eine Abwägung treffen müssen. In gleicher Weise genügt der vage Hinweis auf eine sogenannte ‚Ethik des Helfens und Heilens', um die im Hinblick auf künstliche Zeugung, verbrauchende Embryonenforschung oder Klonen bestehenden ethischen Einwände ohne weitere Diskussion beiseitezuschaffen.

Der Versuch der Kirche, die Errungenschaften der ‚Aufklärung' als christliche Errungenschaften umzudeuten und das Christentum in ihrem Licht neu zu deuten, stellt sich letzten Endes als nicht gangbar heraus. Gewiss trifft es zu, dass die heutigen Menschenrechte auf einen christlichen Ursprung zurückzuführen sind; von diesem haben sie sich allerdings inzwischen, wie man immer deutlicher sieht, weit entfernt. Wenn das kirchliche Lehramt im Anschluss an die Proklamation der AEMR ‚die Menschenrechte' positiv bewertet hat, so waren solche Stellungnahmen einer optimistischen Weltsicht geschuldet, die vor allem für die Konzilszeit prägend war und die von der Konzilsgeneration zum Teil bis heute aufrechterhalten wird: man erwartete sich, dass die AEMR der erste Schritt zu einer allgemeinen Anerkennung des Naturrechts als Grundlage einer gerechten internationalen Rechtsordnung werden könne. Die seither eingetretene Entwicklung scheint diese Annahme freilich zu widerlegen: Gerade im einst christlichen Kulturkreis breitet sich ein verkehrtes, dem Naturrecht entgegengesetztes Menschenrechtsverständnis immer weiter aus. In vielen Staaten sind Gesetze in Kraft getreten, die zum natürlichen Sittengesetz in radikalem Widerspruch stehen; jene Staaten aber, die sich dieser Entwicklung widersetzten, will man unter Berufung auf die Universalität dieser sogenannten ‚Menschenrechte' dazu zwingen, sich dem allgemeinen Trend anzuschließen. Spätestens die düstere Bemerkung Johannes Pauls II. über die *„neue Ideologie des Bösen, die selbst die Menschenrechte gegen den Menschen ausnützt"* zeigt allerdings, dass der Optimismus inzwischen einer nüchterneren Sicht der Dinge weicht.

Man könnte gewiss das heutige Abweichen der Menschenrechte von ihrem naturrechtlichen Ursprung als eine Fehlentwicklung betrachten und ihnen die *richtigen* (das heißt: naturrechtskonformen) Menschenrechte entgegenhalten. Viel spricht allerdings für die Ansicht, dass die schrittweise Emanzipation vom klassischen Naturrecht und die Wendung zu Subjektivismus und Willkür von Anfang an im Konzept der Menschenrechte angelegt waren; insofern wären dann gerade die manipulierten Menschenrechte die ‚richtigen', weil die heutige Manipulierbarkeit der Menschenrechte das letztendlich zwangsläufige Resultat einer Entwicklung ist, die mit den Menschenrechtserklärungen der Aufklärung ihren Ausgang nahm. Wie immer es sich damit verhält – die Kirche wird sich schwertun, ihre Interpretation der Menschenrechte im allgemeinen Diskurs durchzusetzen. Die Deutungshoheit über den Begriff haben längst andere Institutionen inne: der EuGHMR beispielsweise, dessen Entscheidungen, ob sie nun richtig oder falsch sind, rechtliche Verbindlichkeit beanspruchen, oder die Vereinten Nationen, deren *treaty monitoring bodies* täglich eine Flut von Menschenrechtsdokumenten oft fragwürdigen Inhalts produzieren, deren man sich schon ihrer schieren Masse wegen kaum erwehren kann. Die von diesen Institutionen vertretenen Standpunkte werden von den Massenmedien zumeist unkritisch wiedergegeben, häufig sogar beifällig kommentiert. Wenn die Kirche in synkretistischer Weise von ‚Menschenrechten' spricht, während sie in Wirklichkeit das Naturrecht meint, läuft sie Gefahr, von niemandem mehr verstanden zu werden. Aussichtsreicher scheint es daher, die

Fehlentwicklungen der Menschenrechte klar und deutlich als solche zu benennen, und eigene Standpunkte nicht auf die Menschenrechte, sondern auf das Naturrecht zu gründen. Dieses ist und bleibt – nicht nur für die Kirche – der feste Punkt, von dem aus die Entwicklung der Menschenrechte beobachtet und kritisiert werden muss.

Naturrecht im römischen Recht und in der europäischen Rechtsentwicklung

von PROFESSOR DR. DR. H.C. WOLFGANG WALDSTEIN

Wenn man heute von Naturrecht spricht, kann man sehr verschiedenen und äußerst gegensätzlichen Reaktionen begegnen. Diese zeigen in ihrer Verschiedenheit und Gegensätzlichkeit, wie wechselvoll und widersprüchlich die Geschichte naturrechtlicher Theorien tatsächlich ist. Heute herrscht gemäß dem in verschiedenen Gestalten vertretenen positivistischen Wissenschaftsbegriff, der nur das sinnlich Wahrnehmbare als wirklich gelten läßt, die Meinung vor, daß ein vom menschlichen Willen unabhängiges, dem Menschen vorgegebenes Recht nicht existieren könne.

Bei der Diskussion der Naturrechtsfrage wird jedoch in aller Regel nicht beachtet, dass Naturrecht keineswegs bloß eine Frage naturrechtlicher Theorien ist. So hat etwa bei einem auf Bitten von Papst Benedikt XVI. im Februar 2008 an der Universität Eichstätt veranstalteten Symposion nach dem Bericht in der Tagespost vom 7. Februar 2008 keiner der zahlreichen Referenten die Tatsache berücksichtigt, dass es seit der Antike eine wirkliche Anwendung von Naturrecht in der konkreten Rechtsentwicklung gibt. Ich habe in einem Beitrag unter dem Titel „Das Naturrecht und die Rechtsentwicklung Europas“ in der Tagespost vom 16. Februar 2008 auf den Mangel der Berücksichtigung dieser Tatsache hingewiesen. Dass sie nicht berücksichtigt wurde, kann nur als mangelnde Kompetenz in der Frage des Naturrechts angesehen werden. Bei dem Naturrecht geht es nicht nur um eine „Idee des Rechts“.

Die Erkenntnis und konkrete Anwendung von Naturrecht ist historisch sehr früh in den Quellen belegt. Ich möchte hier nur ein aufschlussreiches Beispiel herausgreifen, das Livius für das Jahr 394 v. Chr. berichtet. Die Römer belagerten die Stadt Falerii. Die Eroberung der Stadt hätte wohl lange Belagerung und dann eine opferreiche Stürmung erfordert. In dieser Lage führte ein Lehrer aus der Stadt die ihm anvertrauten Kinder führender Persönlichkeiten dieser Stadt in das Lager des römischen Feldherrn Camillus und erklärte diesem: „Er habe Falerii den Römern in die Hände gespielt, da er diese Jungen, deren Väter dort die wichtigsten Leute im Staat seien, in ihre Gewalt gegeben habe". Er erwartete sich offenbar reiche Belohnung von den Römern dafür, dass er ihnen die Möglichkeit gab, die Übergabe der Stadt durch diese Geiseln zu erpressen. Die Reaktion des Camillus war jedoch eine andere. Er anwortete: „Du bist nicht zu einem dir ähnlichen Volk und Feldherrn gekommen, du Schurke mit deinem schändlichen Geschenk. Wir haben mit den Faliskern keine Gemeinschaft, wie sie aus Abkommen zwischen Menschen zustande kommt; aber die Gemeinschaft, die die Natur beiden Völkern mitgegeben hat, besteht und wird bestehen"[1]. Livius berichtet dann weiter: „Völlig entblößt, die Hände auf den Rücken gebunden, übergab er ihn dann den Jungen, damit sie ihn nach Falerii zurückführten, und gab ihnen Ruten, mit denen sie den Verräter unter Hieben in die Stadt treiben sollten". Durch diesen Akt der Redlichkeit der Römer bewegt, haben die Falisker die Stadt freiwillig übergeben. Eine Gesandtschaft der Falisker erklärte vor dem Senat: „Der Ausgang dieses Krieges liefert dem Menschengeschlecht zwei heilsame Beispiele: Ihr habt Redlichkeit im Kriege einem sofortigen Sieg vorgezogen; wir, durch eure Redlichkeit herausgefordert, haben euch den Sieg freiwillig zuerkannt". Ganz unabhängig von der Frage, wie genau historisch dieser Bericht ist, zeigt er jedenfalls klar das Bewusstsein, dass es ein natürliches Recht gibt, das auch im Krieg gilt, und dass verbrecherische Erpressung auch in einer Situation, in der sie großen Nutzen bringen könnte, wegen ihrer Naturrechtswidrigkeit nicht in Frage kommt. Was Livius als „dem Menschengeschlecht ... heilsame Beispiele" hervorhebt, hat Cicero in der Aussage zusammengefasst, dass es das Naturrecht selbst ist, welches das Wohl der Menschen bewahrt und umfasst (*lex ipsa naturae ... utilitatem hominum conservat et continet*)[2].

---

[1] Liv. 5, 27, 4 – 6.

[2] Cic. off. 3, 31. Zur Vermeidung von Unklarheiten möchte ich darauf hinweisen, daß ich mich bei den Zitaten aus Cicero an die Zitiernormen des Thesaurus linguae Latinae halte, nach denen die alten ebenfalls durchlaufenden Kapitelzahlen entfallen und nur die Zahlen der §§ angegeben werden.

Für die Rechtsentwicklung Europas hat jedoch die Arbeit der römischen Juristen vor allem seit dem 2. Jh. vor Christus größte Bedeutung erlangt. Um das zu verstehen, muss man wissen, dass im römischen Recht nur wenige Materien durch Gesetze geregelt waren. Die Lösung nicht geregelter Fragen erfolgte einerseits durch die für die Rechtsprechung zuständigen Höchstmagistrate, die Prätoren, andererseits durch die Gutachten von Juristen, die zu konkreten Rechtsfragen abgegeben wurden. Bei der Entscheidung konkreter Rechtsfälle haben die Juristen seit dem 2. Jh. v. Chr. nachweislich auch Naturrecht angewandt. Dadurch wurden naturrechtliche Normen in immer größerem Umfang zu geschriebenem Recht.

Ich möchte im Folgenden zunächst 1. einige allgemeine Aussagen römischer Juristen über das Naturrecht aufzeigen, 2. Beispiele für die praktische Anwendung naturrechtlicher Normen durch römische Juristen vorführen, 3. beschreiben, welche Bedeutung die Erkenntnisse der römischen Juristen für die Rechtsentwicklung Europas tatsächlich gehabt hat und schließlich 4. kurz auf das Naturrecht als Grundlage der Menschenrechte eingehen.

I. Allgemeine Aussagen von römischen Juristen über Naturrecht

Die früheste mir bekannte und sehr bemerkenswerte Aussage eines Juristen zum Naturrecht ist von Cato Censorius (234 – 149) aus der ersten Hälfte des 2. Jh. v. Chr. überliefert. In einer Rede für die Rhodier spricht Cato unter anderem von den Dingen, die zu tun nicht nach Naturrecht und *ius gentium* (bei allen Völkern geltendes Recht) verboten ist, sondern nur nach staatlichen Gesetzen, wie etwa das Verbot, mehr als eine bestimmte Zahl von Vieh oder über das bestimmte Maß Grundeigentum zu haben. Was so verboten ist, darf nach den Gesetzen nicht geschehen. Es aber zu wollen, wenn es erlaubt wäre, ist nicht sittenwidrig (*inhonestum* im Originaltext bedeutet nicht nur „unehrenhaft"). Dann knüpft er an das an, was durch Naturrecht und *ius gentium* verboten ist und sagt, dass es in sich (*per sese*) nicht sittlich gut sei, das zu tun oder auch nur zu wollen[3]. Auch *honestum* bedeutet nicht nur „ehrenhaft" oder dergleichen, sondern auch „sittlich gut". Diese Aussagen Catos entsprechen genau dem, was

[3] Gell. 6, 3, 45 – 47.

Aritoteles über das Verhältnis des Naturrechts zum Gesetzesrecht sagt: „Das Polisrecht ist teils Natur-, teils Gesetzesrecht. Das Naturrecht hat überall dieselbe Kraft der Geltung und ist unabhängig von Zustimmung oder Nicht-Zustimmung (der Menschen). Bei Gesetzesrecht ist es ursprünglich ohne Bedeutung, ob die Bestimmungen so oder anders getroffen werden, wenn es aber festgelegt ist, dann ist es verbindlich"[4].

Ein zentraler Text ist von der Kommission, die unter Kaiser Justinian eine Sammlung aus den Juristenschriften herzustellen hatte, an die Spitze dieser Sammlung, der Digesten, gestellt worden. Mit diesem Werk wurde uns der Großteil unserer Kenntnis der Arbeit der römischen Rechtswissenschaft überliefert. Dieses Werk hat nach seiner Wiederentdeckung im Mittelalter zur Gründung der Universität Bologna geführt und in der Folgezeit die gesamte Entwicklung der europäischen Rechtskultur maßgeblich geprägt.

Der Text, den ich meine, ist Ulpian D. 1, 1, 1, 2. Die Bedeutung des *ius naturale* im römischen Recht wird schon dadurch unmittelbar klar, dass Ulpian hier das *ius naturale* neben *ius gentium* und *ius civile* als eine der Quellen des Privatrechts anführt. Er führt es aber nicht nur als eine zweite oder letzte Quelle an, sondern als die erste. Der Text lautet im Zusammenhang: *privatum ius tripertitum est: collectum etenim est ex naturalibus praeceptis aut gentium aut civilibus.* Die neue Digestenübersetzung übersetzt den Text folgendermaßen: „Das Privatrecht besteht aus drei Teilen. Denn es setzt sich aus Vorschriften des Naturrechts, des Völkergemeinrechts und des Zivilrechts zusammen"[5]. Im anschließenden § 3 erklärt Ulpian dann zuerst das

---

[4] Aristot. eth. Nic. 5, 10; 1134 b 18 – 21. Vgl. Übersetzung von F. Dirlmeier, Aristoteles Werke in deutscher Sprache, hrsg. von E. Grumach, Bd. 6 Nikomachische Ethik (1956), Wiss. Buchges. Darmstadt. In künftigen Zitaten wird diese Übersetzung verwendet. Vgl. auch Thomas v. Aquin, Summa Theologica II – II, q. 57, 2 Ad secundum, mit Zitat dieses Textes von Aristoteles. Ausführlicher dazu W. Waldstein, Zur juristischen Relevanz der Gerechtigkeit bei Aristoteles, Cicero und Ulpian, in: Der Gerechtigkeitsanspruch des Rechts, Festschrift für Th. Mayer-Maly zum 65. Geburtstag, = Rechtsethik Bd. 3, Springer Wien/New York 1996, 23 – 39, und Teoria generale del diritto, Dall'antichità ad oggi, Pontificia Università Lateranense, Roma 2001, 67 – 77.

[5] Vgl. O. Behrends, R. Knütel, B. Kupisch, H. H. Seiler, Corpus Iuris Civilis, Text und Übersetzung II, Digesten 1 – 10, S. 92. Künftig wird in der Regel, so weit verfügbar (bis jetzt bis zum 27. Buch der Digesten), diese Übersetzung zitiert.

ius naturale und sagt wörtlich: *Ius naturale est, quod natura omnia animalia docuit* („Naturrecht ist das, was die Natur alle Lebewesen gelehrt hat"). Diese Definition hat Anlass zu vielen Kontroversen zur Frage der Echtheit des Textes[6] ebenso wie zum Inhalt gegeben. Die Tatsache, dass Ulpian hier auch die Tiere als Teilhaber am Naturrecht bezeichnet, hat ihre Vorbilder in der griechischen Philosophie, auf die ich hier nicht näher eingehen kann. In unserem Zusammenhang wichtig ist jedoch die Aussage Ulpians, dass auch das *ius civile* keineswegs ganz außerhalb des *ius naturale* steht. In D. 1, 1, 6 pr. sagt er: *Ius civile est, quod neque in totum a naturali vel gentium recedit nec per omnia ei servit.: itaque cum aliquid addimus vel detrahimus iuri communi, ius proprium, id est civile efficimus* („Das Zivilrecht ist das Recht, das weder vom Naturrecht oder Völkergemeinrecht völlig abweicht noch beiden in allen Punkten folgt. Wenn wir daher jenem allgemeinen Recht eine Regelung hinzufügen oder wegnehmen, schaffen wir dadurch ein besonderes Recht, nämlich unser Zivilrecht"). Damit wird klar, dass auch das *ius civile* nicht einfach durch gesetzgeberische Willkür aus dem Nichts geschaffen wird, sondern die Existenz der beiden anderen Normenordnungen, nämlich *ius naturale* und *ius gentium*, bereits voraussetzt. *Ius civile* ist nach dieser Aussage lediglich eine Modifikation des vorgegebenen *ius commune*, das Ulpian hier bereits mit diesem Terminus bezeichnet. Das europäische *ius commune* seit dem Mittelalter hat diesen Begriff in seinen Quellen vorgefunden. Um ein Beispiel für das Verhältnis des *ius civile* zum *ius commune* zu nennen: Nach *ius gentium* oder *ius naturale* kann Eigentum durch den Willen des Eigentümers und Übergabe der Sache in Verbindung mit einem Rechtsgrund, wie etwa Schenkung oder Kaufvertrag, auf einen anderen übertragen werden. Das *ius civile* hat jedoch für bestimmte Sachen, die *res mancipi*, besondere Formerfordernisse hinzugefügt.

So einfach und klar diese Aussagen Ulpians und anderer Juristen sind, wie etwa des Paulus in D. 1, 1, 11, der als *ius naturale* jenes Recht bezeichnet, das *semper aequum ac bonum est*, so haben verschiedene Theorien gleichwohl die Möglichkeit der Existenz eines Naturrechts einfach bestritten. Versucht man die heutige Diskussion der Naturrechtsfrage zu überblicken, so kann man von der Ver-

[6] Vgl. dazu W. Waldstein, Ius naturale im nachklassischen römischen Recht und bei Justinian, in: ZRG Rom. Abt. 111 (1994) 37.

schiedenheit und Gegensätzlichkeit der Auffassungen nur verwirrt sein. Aber das ist nicht neu. Bereits Cicero hat einen sehr beachtlichen erkenntnistheoretischen Exkurs in seinem Werk über die Gesetze formuliert.

Er sagt in leg. 1, 47: „Aber es bringt uns die Vielgestaltigkeit der Meinungen und der Menschen Uneinigkeit in Verwirrung, und weil dasselbe nicht bei den Sinneswerkzeugen eintritt, halten wir diese für sicher; von jenem, das den einen so, anderen anders und denselben Leuten nicht immer auf die gleiche Weise erscheint, sagen wir, es sei bloß ausgedacht[7]. Das verhält sich (jedoch) ganz anders: denn unsere Sinneswerkzeuge verderben kein Vater, keine Amme, kein Lehrer, kein Dichter, keine Bühne; keine Einigkeit (oder eher: keine Zustimmung) der Masse zieht sie von der Wahrheit ab. Den Seelen (aber) werden alle Fallen gestellt, entweder von denen, die ich eben aufzählte, die sie vergiften und nach ihrem Willen verbiegen, wenn sie sie zart und unerfahren in die Hand bekommen haben, oder von ihr, die tief allen Sinnen verflochten innewohnt, nämlich die Vortäuscherin des Guten, die Lust, in Wirklichkeit die Mutter aller Übel; durch ihre Verlockungen verdorben, sehen sie das von Natur aus Gute nicht klar, weil es diese Süßigkeit und diesen Reiz nicht besitzt".

Dieser Exkurs steht im Zusammenhang mit der Frage, nach welchen Kriterien ein Gesetz als gut oder schlecht beurteilt werden kann (Cic. leg. 1, 42 ff.). Cicero sagt dazu, dass man ein gutes Gesetz von einem schlechten nach keiner anderen Norm als jener der Natur (*naturae norma*) unterscheiden kann (leg. 1, 44). Weil aber nun gerade darüber, was Norm der Natur sei, so verschiedene oder gegensätzliche Auffassungen bestehen, meine man, die Norm der Natur sei in Wahrheit ein Phantasiegebilde (*ficta*). Das wird im Gegensatz zu den Gegenständen der sinnlichen Wahrnehmung gesehen, bei der es diese

---

[7] Aristot. metaph. 4, 6; 1011 a 30 ff. zitiert fast wörtlich das gleiche Argument gegen die Wahrheit, "daß alles ebenso zugleich wahr und falsch sei; es erscheine ja nämlich nicht allen dasselbe, und sogar nicht denselben immer dasselbe, sondern oftmals auch zu derselben Zeit Entgegengesetztes" (Übersetzung Bonitz/Seidl, [3]1989). In metaph. 4, 5; 1010 a 3 f. weist er dagegen gerade darauf hin, daß im Sinnlichen "die Natur des Unbestimmten ... vorherrschend" ist gegenüber der Sicherheit geistiger Erkenntnis wesensnotwendiger Gegebenheiten. Vgl. dazu Waldstein, IVRA 44 (1993, erschienen 1996) 139 ff.

Meinungsverschiedenheiten nicht gebe und die deswegen für sicher gehalten werden. Die weiteren Aussagen Ciceros enthalten in klassischer Kürze eine Reihe von Erklärungen dafür, warum es zu einer solchen *opinionum varietas* kommen kann und auch tatsächlich kommt. Darauf kann ich hier nicht näher eingehen. Eines aber kann ich und muss ich bereits hier feststellen: Weder die verschiedenen Ansätze der Kritik an bestehenden Naturrechtskonzeptionen noch die Versuche der Begründung des Naturrechts können die bereits in der Antike erarbeiteten Erkenntnisgrundlagen einfach ignorieren. Sie sind durch keine der neuen Theorien gegenstandslos gemacht. Die Aussage etwa, hinter Kant führe kein Weg zurück, ist ebenso unhaltbar wie vieles andere auch. Kant vermochte nicht die unendliche Fülle wahrer Erkenntnisse seit der Antike einfach in nichts aufzulösen.

In der ganzen vorausgehenden Tradition, wie Cicero und Ulpian es ausdrücken, der wahren Philosophie (*vera philosophia*, vgl. Cic. Tusc. 4, 6; Ulp. D. 1, 1, 1, 1), wurde das Naturrecht als Realität erkannt. Ich möchte hier nur einen wichtigen Text Ciceros sprechen lassen. In rep. 3, 33 sagt er: „Das wahre Gesetz ist gewiß die richtige, mit der Natur im Einklang stehende Ordnung, die über alle ausgebreitet, unwandelbar und ewig ist". „Diesem Gesetz etwas von seiner Gültigkeit zu nehmen, ist Frevel, ihm irgendetwas abzudingen, unmöglich, und es kann ebensowenig als Ganzes außer Kraft gesetzt werden. Wir können aber auch nicht durch den Senat oder das Volk von diesem Gesetz gelöst werden, ... noch wird in Rom ein anderes Gesetz sein, ein anderes in Athen, ein anderes jetzt, ein anderes später, sondern alle Völker"[8] wird zu allen Zeiten ein einziges, ewiges und unveränderliches Gesetz umschließen (*continebit*) „und einer wird der gemeinsame Meister gleichsam und Herrscher aller sein: Gott! Er ist der Erfinder dieses Gesetzes, sein Schiedsrichter, sein ... <Gesetzgeber>[9], wer ihm nicht

[8] Weiter kann ich der Übersetzung von Büchner nicht folgen, auch die von K. Atzert in Goldmanns Gelbe Taschenbücher scheint mir den nächsten Satzteil zwar besser, aber auch nicht ganz dem lateinischen Text gerecht zu übersetzen, denn das *continebit* heißt nicht "bestehen", sondern zusammenhalten, verbinden, erhalten, bewahren, umschließen etc.

[9] Büchner übersetzt das Wort *lator* bei Cicero mit „Antragsteller". Prinzipiell kann das Wort dies bedeuten. Es bedeutet aber auch Gesetzgeber. Im Kontext kann es nur das bedeuten, denn Gott kann nicht als „Antragsteller" eines Gesetzes auftreten. Bei wem sollte er das „beantragen"?

gehorcht, wird sich selber fliehen und das Wesen des Menschen verleugnend wird er gerade dadurch die schwersten Strafen büßen, auch wenn er den übrigen Strafen, die man dafür hält, entgeht“[10].

Dieser Text bedürfte eingehender Würdigung. Hier kann ich nur sagen, dass die römischen Juristen an alle diese Erkenntnisse, die Cicero besonders in seinem Werk über „Die Gesetze“ (*De legibus*) ausführlicher ausbreitet, anknüpfen konnten. Sie brauchten daher nicht über Naturrecht zu theoretisieren. Sie konnten von den schon der Vernunft einleuchtenden Rechten ausgehen. Dies hat inzwischen der große Romanist Max Kaser, zweifellos einer der besten Kenner der Quellen, in seiner Schrift ‚Zur Methode der römischen Rechtsfindung' (^{2}1969) eindrucksvoll im Einzelnen aufgezeigt. Er gelangt zu der wohlbegründeten Erkenntnis, dass nach „den Eindrücken, die die juristische Überlieferung zuverlässig vermittelt“, bei der Rechtsfindung der römischen Juristen „die Gewinnung der richtigen Entscheidung durch ein unmittelbares Erfassen“ im Vordergrund stand. Kaser selbst verwendet für dieses unmittelbare Erfassen den Ausdruck „*Intuition*“. Dies ist jenes Erkenntnismittel, das besonders seit Aristoteles als eine der wesentlichen Methoden philosophischen Erkennens klargestellt ist. In eth. Nic. 1, 7; 1098 b 3 f., wird, wie Dirlmeier übersetzt, folgende „Methodendifferenzierung“ eingeführt: „Von den Grundgegebenheiten werden die einen durch Induktion erkannt, die anderen durch Intuition, die dritten durch eine Art von Gewöhnung und andere wiederum auf andere Weise“. Wenn man die Werke von Aristoteles studiert, besonders die Metaphysik, dann wird klar, dass es für die geistigen Grundgegebenheiten keinen anderen Weg der Erkenntnis als unmittelbares Erfassen gibt, das Aristoteles selbst ständig praktiziert. Zur Einsicht in den Satz vom Widerspruch in metaph. 4, 3; 1005 b 19 f. sagt er daher in metaph. 4, 4; 1006 a 5 - 11: „Einige nun wollen das auch aus Mangel an philosophischer Bildung beweisen; denn ein solcher Mangel ist es, wenn man nicht weiß, wofür man einen Beweis zu fordern hat und wofür nicht. Denn es ist ganz unmöglich, daß es für alles ohne Ausnahme einen Beweis gibt; denn es ginge ins Unendliche, so daß auch so kein Beweis zustande käme.“

---

[10] Übersetzung des ersten Satzes von mir, der Fortsetzung von Karl Büchner, Sammlung Tusculum 1987.

Bei der Darstellung des Naturrechts im römischen Recht geht es daher schlicht und einfach darum, eine sich in der historischen Wirklichkeit entfaltende „Naturrechtspraxis“ an Hand der Realität des römischen Rechts darzustellen. Diese „Naturrechtspraxis“ ist dadurch gekennzeichnet, dass allgemeine Aussagen über Naturrecht ebenso selbstverständlich von dessen Existenz und Erkennbarkeit ausgehen wie die Anwendung im Einzelfall. Eine theoretische Diskussion mit den von Cicero beklagten Meinungsverschiedenheiten ist bei den römischen Juristen nicht feststellbar. Vor allem aus der Periode der klassischen römischen Rechtswissenschaft, die sich seit der Mitte des 1. Jahrhunderts v. Chr. bis zur Mitte des 3. Jh. n. Chr. entwickelte, sind mehr oder minder umfangreiche Fragmente von immerhin fast 100 Juristen überliefert. Es gibt zahlreiche Meinungsverschiedenheiten in Einzelfragen, aber nicht in Grundfragen des Naturrechts. Die unterschiedlichen Meinungen in Einzelfragen wieder bewegen sich durchwegs im Rahmen möglicher Alternativen. Man muss sich dabei vergegenwärtigen, was bereits Aristoteles in seiner Nikomachischen Ethik mehrfach betont, dass nicht in jeder Wissenschaft das gleiche Maß an Genauigkeit möglich ist. Er sagt gleich am Anfang der Nikomachischen Ethik: „der logisch geschulte Hörer wird nur insoweit Genauigkeit auf dem einzelnen Gebiet verlangen, als es die Natur des Gegenstandes zuläßt“[11]. Alfred Verdross hat mit Recht dazu festgestellt: „Diese Einsicht darf uns nicht zu dem falschen Schluß verleiten, daß eine rationale Lösung solcher Probleme unmöglich sei, wie oft behauptet wird, wenngleich nicht bestritten werden soll, daß bisweilen mehrere gleichwertige Lösungen gefunden werden können. Denn auch in diesen Fällen handelt es sich um *rationale* Entscheidungen und nicht um willkürliche Dezisionen eines Machthabers“[12]. Auf der Grundlage der Erkenntnisse der römischen Juristen konnte auch das österreichische Allgemeine Bürgerliche Gesetzbuch in dem noch heute geltenden § 16 davon ausgehen, dass die natürlichen Rechte des

[11] Eth. Nic. 1, 1; 1094 b 11 - 27; er wiederholt es in eth. Nic. 1, 7; 1098 a 26 - 29 und 2, 2; 1103 b 34 - 1104 a 5. In eth. Nic. 9, 2; 1165 a 2 - 18, stellt er nochmals fest: "Im übrigen haben wir schon wiederholt festgestellt, daß die wissenschaftliche Behandlung menschlichen Empfindens und Handelns nur eben den Exaktheitsgrad erreichen kann, den der Stoff zuläßt."

[12] Statisches und dynamisches Naturrecht (1971) 93 mit ausdrücklicher Bezugnahme auf Aristot. eth. Nic. 1, 1 und 1, 7.

Menschen „schon durch die Vernunft einleuchten“[13]. Das bis 1974 geltende österreichische Strafgesetz enthielt mit § 233 folgende Bestimmung: „Die in diesem Teile des Strafgesetzes vorkommenden Vergehen und Übertretungen sind insgesamt Handlungen oder Unterlassungen, die jeder als unerlaubt von selbst erkennen kann.“ Die Überschrift des § lautet: „Die Unkenntnis dieses Gesetzes entschuldigt nicht“. Auch im neuen Strafgesetzbuch von 1974 ist im § 9 Abs. 2 bestimmt: „Der Rechtsirrtum ist dann vorzuwerfen, wenn das Unrecht für den Täter wie für jedermann leicht erkennbar war“. Dies alles setzt voraus, dass es in der Tat „schon durch die Vernunft einleuchtende Rechte“ gibt und dass der Mensch auch fähig ist, sie zu erkennen[14]. Man kann sich jedoch auch gegen dieses „Einleuchten“ verschließen. Die heutige Wissenschaftstheorie hat dies grundsätzlich getan mit der Folge, dass dann auch über die vom Positivismus gesteckten Grenzen der Wissenschaft hinaus nichts „einleuchten“ kann. Gerade gegen diese „selbstverfügte Beschränkung der Vernunft“ hat sich Papst Benedikt XVI. in seiner wichtigen Vorlesung in Regensburg am 12. September 2006 gewandt. Er betont die „Verantwortung für den rechten Gebrauch der Vernunft“[15].

Als Mitglied des Consiglio Direttivo der Päpstlichen Akademie für das Leben konnte ich bewirken, dass für die 8. Vollversammlung vom Februar 2002 das Thema Naturrecht vorgesehen wurde. Bei der Vorbereitung gab es dann ziemlich heftige Auseiandersetzungen, weil einer der eingeladenen Referenten, ein italienischer Prof. für Moraltheologie und Jesuit namens Muratore, es mit allen Mitteln verhindern wollte, dass im Thema der Vollversammlung das Wort Naturrecht vorkommt und es auch verhindern konnte. Das Thema

---

[13] Dazu noch unten III.

[14] Dazu ausführlicher W. Waldstein, The capacity of the human mind to know natural law, in: The Nature and Dignity of the Human Person as the Foundation of the Right to Life, The Challenges of the Contemporary Cultural Context, Proceedings of the Eighth Assembly of the Pontifical Academy for Life, Edited by Juan de Dios Vial Correa and Elio Sgreccia, Città del Vaticano 2003, 50 – 65.

[15] Dazu ausführlich Waldstein, Zur Bedeutung der „Verantwortung für den rechten Gebrauch der Vernunft“ bei Papst Benedikt XVI. für die Frage des Naturrechts, in: Die göttliche Vernunft und die inkarnierte Liebe, Festschrift zum 80. Geburtstag Seiner Heiligkeit Papst Benedikts XVI., hrsg. von A. Graf von Brandenstein-Zeppelin, A. von Stockhausen, J. H. Bernischke, Gustav-Sievert-Akademie Weilheim-Bierbronnen 2007, 555-574.

wurde dann so formuliert: "The Nature and Dignity of the Human Person as the Foundation of the Right to Life". Ich habe damals über die „Fähigkeit des menschlichen Geistes Naturrecht zu erkennen" gesprochen. Weil mir der Text von Muratore bekannt war, der die Position eines agnostischen Positivismus vertrat, habe ich im Hinblick auf den nach mir folgenden Vortrag von Muratore zu meinem Vortrag vorausgeschickt: Wenn das, was Prof. Muratore sagen wird, wahr wäre, müsste ich meinen Text in den Papierkorb werfen. Zunächst verstanden die Teilnehmer an der Versammlung diese meine Feststellung nicht, aber nach dem Vortrag von Muratore kamen viele zu mir und sagten: Jetzt verstehen sie, was ich gesagt habe. Das Ende war, dass die Glaubenskongregation die Veröffentlichung von Muratores Text in den Akten der achten Vollversammlung nicht erlaubt hat. Mit großer Dankbarkeit darf ich sagen, dass Papst Johannes Paul II. in seiner Ansprache an die Teilnehmer an der achten Vollversammlung der Päpstlichen Akademie für das Leben am 27. Februar 2002 ermutigt hat zu einer bewussten Anstrengung, die zurückkehrt zur anthropologischen und ethischen Bedeutung des Naturrechts. Der Papst sagt dann: Das natürliche moralische Gesetz wird erkannt durch das Licht des Verstehens („the light of understanding"), das Gott uns eingegossen hat („infused in us by God")[16]. Wie die Geschichte seit der Antike zeigt, hatten die Menschen dieses Licht des Verstehens bereits bevor sie das Licht der christlichen Offenbarung hatten. Daher können wir, die wir uns des Lichtes der Offenbarung erfreuen, umsomehr der Ermutigung des Papstes zu der bewussten Anstrengung folgen, die zum Naturrecht zurückkehrt.

II. Praktische Anwendungen naturrechtlicher Normen durch die römischen Juristen

Die Klärung der Frage, wie weit römische Juristen naturrechtliche Normen praktisch angewandt haben, ist dadurch erschwert, dass die römischen Juristen keinen besonderen Wert auf eine einheitliche Terminologie gelegt haben. Faktisch naturrechtliche Überlegungen treten daher nicht nur im Zusammenhang mit dem Terminus *ius naturale* auf, sondern auch in Überlegungen zum *ius gentium*, zur

[16] Nrn. 2 und 3 der Ansprache.

naturalis aequitas oder *ratio* und in vielen anderen Zusammenhängen, selbst dann, wenn der Text keine Verbindung auch nur zu irgendeinem der mit *ius naturale* in Beziehung stehenden Begriffe zeigt. Aber es gibt immerhin eine ganze Anzahl von Texten, in denen ausdrücklich auf das *ius naturale* Bezug genommen wird. Die Frage der Echtheit dieser Bezugnahmen brauche ich hier nicht zu erörtern. Wie bereits erwähnt, ließ sich zeigen, dass die Behauptung, alle diese Bezugnahmen auf *ius naturale* seien nachklassische oder justinianische Interpolationen, durch die nachweislich aus nachklassischer und justinianischer Zeit stammenden Texte klar widerlegt wird[17]. Dazu kommt, dass in den Institutionen des Gaius, die als einziges Werk eines klassischen Juristen relativ vollständig unabhängig von Justinians Kodifikation erhalten sind, *ius naturale* mehrfach belegt ist.

So stellt etwa Gaius in inst. 1, 156 der agnatischen Verwandtschaft des *ius civile* die kognatische oder Blutsverwandtschaft des *ius naturale* gegenüber. In inst. 1, 158 sagt er: „Das Recht der agnatischen Verwandtschaft wird durch Statusveränderung (*capitis deminutio*) aufgehoben, das Recht der Blutsverwandschaft wird jedoch auf diese Weise nicht verändert, weil die zivile Regel zwar zivile Rechte aufheben kann, natürliche dagegen nicht". Damit stellt der hochklassische Jurist Gaius klar, dass Bestimmungen des *ius civile* an den nach *ius naturale* gegebenen Rechten nichts ändern können. Dies gilt auch für die naturrechtlichen Verwandtschaftsbeziehungen zwischen Sklaven. Obwohl zwischen Sklaven nach *ius civile* keinerlei Verwandtschaftsbeziehungen bestehen konnten, weil ihnen nach *ius civile* die Rechtsfähigkeit fehlte, waren doch ihre verwandtschaftlichen Beziehungen nach *ius naturale* zu beachten. So sagt Paulus D. 23, 2, 14, 2 im Zusammenhang mit den Ehevoraussetzungen: *Serviles quoque cognationes in hoc iure observandae sunt* („Auch die Blutsverwandschaft unter Sklaven ist in diesem Rechtsgebiet zu beachten"). Demnach darf nach der Freilassung der Sohn nicht mit seiner Mutter, der Vater nicht mit seiner Tochter eine Ehe schließen. Paulus fügt als Begründung an: *quoniam in contrahendis matrimoniis naturale ius et pudor inspiciendus est* („weil für die Regelungen über die Eingehung der Ehe auch auf das Naturrecht und das Schamgefühl Rücksicht zu nehmen ist." „Schamgefühl" ist nicht falsch, das, worum es geht, ist aber wohl eher

[17] Vgl. den oben Anm. 6 genannten Beitrag.

das „sittliche Gefühl"). Heute glaubt man, auch die Ehe ohne jede Rücksicht auf das Naturrecht beliebig und naturrechswidrig definieren zu können[18].

Ganz allgemein sagt Ulpian D. 1, 1, 4, dass nach *ius naturale* alle Menschen frei geboren wurden, und in D. 50, 17, 32, dass nach *ius naturale* alle Menschen gleich sind: Was das Zivilrecht betrifft, haben Sklaven keine Rechtsfähigkeit, nicht jedoch nach Naturrecht, denn was das Naturrecht angeht, sind alle Menschen gleich (*Quod attinet ad ius civile, servi pro nullis habentur: non tamen et iure naturali, quia, quod ad ius naturale attinet, omnes homines aequales sunt*). Dass in der Antike daraus nicht die entsprechenden Folgerungen durch Beseitigung der Sklaverei gezogen werden konnten, ist eine der tragischen Erscheinungen der Menschheitsgeschichte. Wo aus welchen Gründen auch immer entstandene allgemeine Bräuche sich, wie in der Einrichtung der Sklaverei nach *ius gentium*, allgemein durchgesetzt haben oder übermächtige egoistische Interessen die Verwirklichung erkannten Rechtes verhindern, steht das Recht auch heute dem politischen Willen machtlos gegenüber. Da helfen auch moderne kodifizierte Menschenrechte nichts. Wenn es die Mehrheit will, ist auch das menschliche Leben, trotz der Bestimmungen des Art. 2 der MRK, nicht geschützt. Tatsächlich haben ja Mehrheiten bereits in der ganzen Welt unerwünschtem menschlichem Leben den Rechtsschutz entzogen und es praktisch beliebiger Tötung preisgegeben[19].

Was nun weitere praktische Anwendungen des *ius naturale* betrifft, so ist vor allem ein Text Ulpians hervorzuheben, in dem unter Berufung auf den frühklassischen Juristen Cassius das Recht, (rechtswidrige) Gewaltanwendung (*vis*) mit (angemessener) Gewalt abzuwehren, auf das *ius naturale* zurückgeführt wird. In D. 43, 16, 1, 27 sagt Ulpian:

---

[18] Dazu W. Waldstein, Läßt sich Ehe beliebig definieren?, in: Codzienne pytania Antygony, Księga pamiątkowa ku czci Księdza Profesora Tadeusza Stycznia z okazji 70. urozin, Lublin 2001, 364 - 379.

[19] Vgl. dazu nur W. Waldstein, Das Menschenrecht zum Leben, Berlin 1982, bes. 26 - 66; auch Teoria (ob. Anm. 4) 161 - 163; auch Natural law and the defence of life in *Evangelium Vitae*, in: Evangelium Vitae, Five Years of Confrontation with the Society, Proceedings of the Sixth Assembly of the Pontifical Academy for Life, Edited by Juan de Dios Vial Correa and Elio Sgreccia, Città del Vaticano 2001, 223 - 242.

Cassius schreibt, dass es erlaubt ist, Gewalt mit Gewalt zurückzuschlagen, und dieses Recht ist von der Natur bereitet (*Vim vi repellere licere Cassius scribit idque ius natura comparatur*). Florentinus sagt dazu in D. 1, 1, 3: „Denn nach diesem Recht (gemeint ist das *ius gentium*) wird alles, was man zum Schutze seiner Person tut, als rechtmäßig angesehen. Und da die Natur unter uns so etwas wie eine Verwandschaft begründet hat, folgt daraus, daß es frevelhaft ist, wenn ein Mensch dem anderen nach dem Leben trachtet". Hier wird die naturrechtliche Verwandtschaft aller Menschen zur Begründung des Selbstverteidigungsrechtes angeführt. Noch die Satzung der Vereinten Nationen anerkennt bekanntlich im Art. 51 „das von Natur gegebene Recht individueller oder kollektiver Selbstverteidigung im Falle eines bewaffneten Angriffs". Der französische Text hat: „droit naturel de légitime défense", der englische: „the inherent right of ... self-defense". Die Formulierung wirkt fast wie eine Übersetzung des Ulpian-Textes.

Im Bereich des Sachenrechtes sagt Gaius in inst. 2, 65 im Anschluss an die Darstellung verschiedener Fragen des Eigentumsrechts: „Aus dem, was wir gesagt haben, wird klar, dass gewisse Sachen auf Grund von Naturrecht veräußert werden, das sind jene, die durch Übergabe übereignet werden, andere nach Zivilrecht. Denn das Recht der Manzipation, der Abtretung vor dem Gerichtsmagistrat (*in iure*) und der Ersitzung ist ein Eigenrecht römischer Bürger". Im anschließenden § 66 sagt er, dass Sachen, die in niemandes Eigentum stehen, ebenfalls nach Naturrecht durch Aneignung erworben werden: *Nec tamen ea tantum, quae traditione nostra fiunt, naturali nobis ratione adquiruntur, sed etiam quae occupando ideo consequi poterimus, quia antea nullius essent, qualia sunt omnia, quae terra mari caelo capiuntur*. Ferner führt Gaius die Regel, dass das Eigentum an einem Gebäude dem Eigentum am Grundstück folgt (*superficies solo cedit*) auf das *ius naturale* zurück (inst. 2, 73).

Für den Bereich des Obligationenrechts ist die Feststellung von Gaius in D. 4, 5, 8 wichtig, die in einem ähnlichen Zusammenhang steht, wie die Aussage über die Verwandtschaft in inst. 1, 158, dass jene Obligationen, die auf einer natürlichen Verbindlichkeit beruhen, „durch Statusänderung nicht erlöschen, weil eine zivilrechtliche Regel naturrechtliche Verhältnisse nicht aufheben kann": *Eas obligationes, quae naturalem praestationem habere intelleguntur, palam est capitis deminutione non perire, quia civilis ratio naturalia iura corrumpere non potest. itaque 'de dote' actio, quia in bonum et aequum concepta est, nihilo minus durat etiam post capitis deminutionem.* Also, die zivilrechtliche Veränderung des *status* einer Person berührt jene Obligationen nicht, die *naturalem praestationem habere intelleguntur.* Wie die Begründung zeigt, sind das faktisch alle Obligationen, die nicht zivile sind. Sogar die zivilrechtliche, strengrechtliche *condictio* wird, wie Paulus D. 12, 6, 15 pr. sagt, im Falle der Rückforderung einer irrtümlich erbrachten nicht geschuldeten Leistung zur *naturalis*, das heißt, sie ist naturrechtlich begründet: *Indebiti soluti condictio naturalis est et ideo etiam quod rei solutae accessit, venit in condictionem.* Im vorausgehenden Fragment D. 12, 6, 14 sagt Pomponius, „es entspricht der natürlichen Gerechtigkeit, daß niemand sich zum Nachteil eines anderen bereichern darf“: *Nam hoc natura aequum est neminem cum alterius detrimento fieri locupletiorem.* Eine ähnliche Aussage aus einem späteren Werk des Pomponius ist von der Kommission Justinians in eine Sammlung von Rechtsregeln im letzten Digestentitel als Fragment 50, 17, 206 aufgenommen worden. In diesem Text bezieht sich Pomponius direkt auf das Naturrecht und sagt, dass es nach Naturrecht gerecht ist: *Iure naturae aequum est neminem cum alterius detrimento et iniuria fieri locupletiorem.*

An den Tatbestand des römischen Diebstahlsdelikts *furtum*, das weiter ist als der moderne Diebstahl und gewisse Betrugs- und Veruntreuungsfälle mitumfasst, knüpft Paulus in D. 47, 2, 1, 3 die Feststellung an, dass es nach Naturrecht verboten ist, dieses zu begehen: *quod lege naturali prohibitum est admittere.* Dieser Einsicht entspricht die oben (I.) bereits zitierte Formulierung im § 233 des früheren österreichischen Strafgesetzbuches. Die Erkenntnis, dass der Mensch fähig ist, das natürliche Recht und Unrecht mit dem natürlichen Licht der Vernunft zu erkennen, ist, wie bereits oben erwähnt, besonders von Cicero ausführlich entwickelt worden. Das zu erkennen ist der Mensch dadurch fähig, dass er, wie Cicero sagt, mit einer *communis intellegentia* ausgestattet ist, mit einer allgemeinen Erkenntnisfähigkeit, die ihn die Dinge erkennen lässt, so auch was sittlich gut und sittlich schlecht ist. Der wichtige Text aus Cic. leg. 1, 44 f. lautet im Zusammenhang: „Doch können wir ein gutes Gesetz von einem schlechten durch kein anderes Richtmaß (Cicero sagt „Norm“) als das der Natur trennen. Und nicht nur Recht und Unrecht wird durch die Natur unterschieden, sondern überhaupt alles Sittliche und

Schändliche. Denn wie die Natur uns gemeinsame" (Büchner übersetzt die hier folgende *intellegentia* meines Erachtens falsch) Erkenntnisfähigkeit gegeben „und sie in unseren Seelen angelegt hat, rechnen wir Gesittetes unter die Vollkommenheit, unter Fehler das Schändliche. Das aber in bloßer Einbildung, nicht im Wesen gegründet zu sehen, verrät einen Wahnsinnigen"[20] (*atqui nos legem bonam a mala nulla alia nisi naturae norma dividere possumus; nec solum ius et iniuria natura diiudicatur, sed omnino omnia honesta et turpia. nam ut communis intellegentia nobis notas res efficit easque in animis nostris inchoavit, honesta in virtute ponuntur, in vitiis turpia. ea autem in opinione existimare, non in natura posita dementis est*[21]). In diesem Sinne wahnsinnig waren die römischen Juristen jedenfalls nicht.

Was nun die "Naturrechtspraxis" der römischen Juristen betrifft, so hat bereits Fritz Schulz in seinem Werk ‚Prinzipien des römischen Rechts' zu deren Schriften feststellen können: „Weithin macht der Vortrag der Juristen einen fast mathematischen Eindruck oder besser den Eindruck eines *Naturrechtes.* ... Überall ist hier ohne weiteres deutlich, daß die Jurisprudenz sich nicht begnügen will mit der Darstellung des positiven, derzeit geltenden römischen Rechts, daß sie vielmehr um die Herausarbeitung eines Naturrechts bemüht ist. Daher auch die eigentümliche Art der Darstellung, die ihre Sätze nicht eigentlich beweist, sondern unmittelbar aus der Betrachtung der Lebensverhältnisse findet, sie aus der ratio iuris schöpft. Daher ihre naturrechtliche Sicherheit, ..."[22]. Schulz hat hier zweifellos einen wesentlichen Sachverhalt richtig gesehen, nämlich, dass die römischen Juristen bei ihren nüchternen, gänzlich sachbezogenen Bemühungen um gerechte Lösungen konkreter Rechtsfälle unmittelbar und

[20] Marcus Tullius Cicero, Über die Rechtlichkeit (De legibus), Reclam, Stuttgart 1969, S. 27.

[21] Die in den Ausgaben angemerkten Textvarianten berühren den Hauptinhalt der Stelle nicht und brauchen hier daher nicht angeführt zu werden.

[22] Prinzipien des römischen Rechts, Vorlesungen von Fritz Schulz, Berlin 1934 , Nachdruck Berlin 1954, S. 23 f. Das kursiv hervorgehobene Wort *Naturrecht* ist im Original gesperrt. Die einschränkenden Zusätze zu diesen Aussagen ändern nichts an ihrer prinzipiellen Gültigkeit und können hier nicht diskutiert werden. Sie beruhen teilweise auf den nachwirkenden positivistischen Vorurteilen, von denen sich Schulz nicht ganz freihalten konnte, was seine Aussagen nur um so bemerkenswerter macht, teilweise auch auf Verwechslungen, als sei dem "griechischen Naturrecht" allgemein eine "spekulative Luftigkeit" eigen (S. 24).

selbstverständlich natürliche Normen, das ist Naturrecht, praktisch angewandt haben. Es ist eben das, was ich früher mit „Naturrechtspraxis“ meinte. Der große Romanist Fritz Schulz hat diese Aussagen bereits 1934 veröffentlicht. Sie sind deswegen um so bemerkenswerter, weil sie in der Zeit des absolut vorherrschenden Rechtspositivismus erschienen sind, und zwar als Antwort auf die sich mehr und mehr offen zeigende Missachtung des Rechts durch den Nationalsozialismus. Diese Erkenntnisse sind durch die neuere Forschung weitgehend bestätigt und noch weiterentwickelt worden[23]. Damit ist hinreichend klargestellt, welche Bedeutung das Naturrecht für die Entwicklung des römischen Rechtes hat.

III. Zur Bedeutung des römischen Rechts für die Rechtsentwicklung Europas

Die römischen Juristen haben das Naturrecht als eine dem Menschen vorgegebene und für diesen mittels seiner Vernunft erkennbare normative Ordnung mit Selbstverständlichkeit als verbindlich erkannt und in konkreten Entscheidungen angewandt. Mit dieser Arbeit haben die römischen Juristen die konkrete Kenntnis des Naturrechts in der praktischen Anwendung erschlossen und es dadurch auch zu einer historischen Realität gemacht. Die im römischen Recht vorhandenen Abweichungen vom Naturrecht wurden mit der Zeit immer mehr als ungerecht empfunden. Sie wurden von der römischen Rechtswissenschaft in unzähligen Einzelentscheidungen korrigiert, um zu gerechten Entscheidungen zu gelangen. Diese Arbeit der römischen Juristen hat sich über einen Zeitraum von fast 500 Jahren erstreckt, vom 2. Jh. v. Chr. bis zum 3. Jh. n. Chr. Das Ergebnis dieser Arbeit wurde im Jahre 533 n. Chr. vom oströmischen Kaiser Justinian in dem als Digesten bezeichneten Werk als eines seiner Gesetzbücher veröffentlicht. In der Einführungskonstitution zu den Digesten nennt Justinian dieses Werk einen Tempel der römischen Gerechtigkeit (*iustitiae Romanae templum*). Die Wiederentdeckung dieses Werkes im Mittealter und dessen Studium an der ursprünglichen Schule der *artes* in Bologna ließ zunächst aus dieser Schule die erste Universität

[23] Eine Übersicht über das Schrifttum habe ich in meinem Beitrag zu den Entscheidungsgrundlagen der klassischen römischen Juristen in ANRW II 15, S. 78 ff., gegeben, dort besonders die Anm. 278.

Europas entstehen. Sie hat dann die gesamte weitere Entwicklung der europäischen Rechtskultur geprägt. Im 18. und 19. Jh. sind auf dieser Grundlage die „Naturrechtsgesetzbücher“ entstanden, das preußische Allgemeine Landrecht von 1794, der französische Code civil von 1804 und das österreichische Allgemeine Bürgerliche Gesetzbuch von 1811 (ABGB). Auf dieser Basis kann das ABGB noch heute im § 16 sagen: „Jeder Mensch hat angeborene, schon durch die Vernunft einleuchtende Rechte“.

Nach dem Inkrafttreten der modernen Kodifikationen trat gleichwohl fast überall die Frage auf, ob nun das römische Recht weiter Gegenstand des Studiums der Rechtswissenschaft sein soll. Besonders beachtenswert ist in diesem Zusammenhang das von Kaiser Franz I. von Österreich mit einem Schreiben an Graf von Ugarte vom 26. September 1807 angeforderte Gutachten der Österreichischen Hofkanzlei (Arch. d. k. k. St. H.C.Z. 105) zu der Frage, ob nach dem Inkrafttreten des ABGB im Studium der Rechtswissenschaft das "des Römischen Privatrechts noch ferner beyzubehalten sey, und wann allenfalls das Letztere, wenn nicht gleich itzt, doch künftig aufzuhören habe". In dem vom Kanzler Graf von Ugarte gezeichneten Gutachten heißt es unter anderem:

"Das römische Civilrecht ist seit so vielen Jahrhunderten das allgemeine Recht aller civilisierten europäischen Nazionen, und das einzige Band, wodurch dieselben gemeinschaftliche Begriffe in Hinsicht nicht nur auf das Privat- sondern auch auf das Völker- und Staatsrecht unterhielten. Nur durch dieses ... fast in allen Provinzen dieses Welttheils zur Hülfe genommene Recht kam (im Original irrt. "kann") die Rechtswissenschaft zu jener Stufe der Ausbildung, und Vollkommenheit, welcher die allgemeine und einzelne Wohlfahrt der Europäer, ... und eine in den Grundsätzen der natürlichen Billigkeit geschöpfte Rechtspflege, ... das Meiste, wo nicht alles zu verdanken hat.

Die römische Jurisprudenz ist mit Ausnahme einiger Theile, ... (Ausdruck) ...., ... der allgemeinen Vernunft, des moralischen Menschengefühls, der durch Erfahrung von Jahrhunderten zur Reife gebrachten richterlichen Klugheit; ...: endlich ist es die reichhältigste Sammlung der auf einzelne Fälle angewandten allgemeinen

Grundsätze der Jurisprudenz, wo man sich bei den verwickeltsten Rechtsfragen Raths erholen kann, wozu gewiß die Kenntnis desjenigen, was bei ähnlichen Fällen entschieden worden ist, immer der sicherste Leitfaden seyn wird "

Das ganze Gutachten, welches mir durch das Entgegenkommen des HHStA, Wien, in Ablichtung zugänglich gemacht wurde, ist außerordentlich lesenswert[24].

Es ließen sich nun zahlreiche Beispiele dafür anführen, für wie viele konkrete Rechtsfragen das römische Recht auch heute praktische Bedeutung hat. Ich möchte nur eines von allgemeiner Bedeutung hervorheben: Das österreichische ABGB hat mit § 7 eine Bestimmung, mit welcher der Richter angewiesen wird, im Falle, dass ein Rechtsfall weder nach dem Wortlaut des Gesetzes noch durch Analogie zu lösen ist, diesen nach den natürlichen Rechtsgrundsätzen zu entscheiden. Es ist nun eine in der Literatur und in Kommentaren umstrittene Frage, was diese natürlichen Rechtsgrundsätze sind. Im Jahre 1877 hatten noch Pfaff-Hofmann in ihrem Kommentar zu § 7 ABGB die natürlichen Rechtsgrundsätze im römischen Recht gesehen. Sie haben dabei mit Recht auf eine Feststellung von Rotteck verwiesen, welche das Bewusstsein von der Beziehung des römischen Rechts zum Naturrecht verdeutlicht:

„Die römische Rechtsgesetzgebung ist ihrem vorherrschenden Charakter nach (und abgesehen von den aus besonderen politischen, religiösen und sittlichen Verhältnissen geflossenen Instituten) blos eine positive Verkündung und, wo es Noth thut, nähere Bestimmung des Vernunftrechtes". Sie zitieren dort auch Zachariä, der gesagt hat: "Denn überhaupt ist das röm. R. größtentheils ein in seinen Folgerungen dargestelltes Naturrecht“[25].

---

[24] Vgl. dazu A. Steinwenter, Der Einfluß des römischen Rechts auf die Kodifikation des bürgerlichen Rechtes in Österreich, in: Studi in memoria di P. Koschaker I (1954) 414 f. Zur Beziehung des römischen Rechts zum Naturrecht vgl. ferner P. Koschaker, Europa und das römische Recht, [4]1966, 252; weitere Hinweise bei Waldstein, ANRW II 15 (1976) 78 ff., Lit. dort in Anm. 278; auch ders., Naturrecht bei den klassischen römischen Juristen, in: Das Naturrechtsdenken heute und morgen, GedSchr. R. Marcic (1983) 239 - 253.

[25] L. Pfaff/F. Hofmann, Commentar zum öst. allg. bürgerl. Gesetzbuche I (1877) 195 Anm. 171; dort weitere Hinweise.

Natürlich ist mir klar, dass man zu diesen Aussagen heute einiges dazusagen müsste, um der komplexen historischen Realität gerecht zu werden. Gleichwohl sind diese Aussagen zu einem großen Teil zutreffend. Beispiele aus der Rechtsprechung des österreichischen Obersten Gerichtshofes können das sogar verdeutlichen. Der bereits oben (II.) zitierte Grundsatz: *Nam hoc natura aequum est neminem cum alterius detrimento fieri locupletiorem*[26] („es entspricht der natürlichen Gerechtigkeit, daß niemand sich zum Nachteil eines anderen bereichern darf."), in Verbindung mit dem anderen Grundsatz, dass niemand durch eigene Arglist einen Rechtsvorteil erlangen darf[27], ist vom OGH 1974 in einer bemerkenswerten Entscheidung angewandt worden. Es ging um folgenden Fall: Eine Versicherungsgesellschaft hatte einem „durch fahrlässiges Verhalten des Beklagten" Verletzten zugesichert, auch die Folgeschäden aus dem Unfall, die durch später notwendige Operationen eintreten würden, zu ersetzen. Im Hinblick auf diese Erklärung hat der Geschädigte keine Veranlassung gesehen, zum Ausschluss der Verjährung, aber auch zum Schaden der Versicherungsgesellschaft, eine Feststellungsklage auf Bestehen des Anspruchs einzubringen. Diese Klage hätte nur mit der kostenpflichtigen Verurteilung der Versicherungsgesellschaft enden können. Als dann die Verjährungszeit abgelaufen war, hat die Versicherungsgesellschaft gleichwohl Verjährung gegen die später geltend gemachten Ansprüche eingewandt. Darin wurde mit Recht ein arglistiges Verhalten der Versicherungsgesellschaft erblickt. Der OGH stellt in seinem Urteil vom 7. Oktober 1974 fest: „Der Schuldner, der den Gläubiger sittenwidrig abgehalten hat, der Verjährung vorzubeugen, darf sich auf die Verjährung nicht berufen"[28]. Im ersten Leitsatz sagt der OGH: „Das Gesetz anerkennt sittliche Grundsätze (‚allgemeine Grundsätze der Gerechtigkeit': Abs. 1 KPzABGB), die so allgemein anerkannt sind, daß es zu ihrer Anwendung keiner besonderen Gesetzesbestimmung bedarf; sie durchbrechen selbst die geschriebene Norm"[29]. In diesem Fall durchbrach der natürliche Rechtsgrundsatz sogar die äußerst strenge Verjährungsnorm des §

[26] Pompon. D. 12, 6, 14.

[27] Vgl. Ulp. D. 47, 2, 12, 1, dort auf die Ablehnung des Klagerechts als Folge aus dem Grundstz formuliert.

[28] SZ 52 (1974) Nr. 104, S. 460.

[29] Vgl. vorige Anm.

1502 ABGB, hinter der sich der arglistige Schuldner glaubte verstecken zu können. In zwei weiteren Urteilen aus dem Jahre 1975 wurde diese Entscheidung bekräftigt[30]. Der OGH spricht von einer „nun bereits gefestigten Rechtsprechung des OGH aus der jüngeren Zeit". Demnach „darf sich gemäß dem natürlichen Rechtsgrundsatz, daß niemand durch Arglist Rechtsvorteile erlangen darf, der listige Schuldner, der den Gläubiger abgehalten hat, der Verjährung durch Einklagung ... vorzubeugen, nicht auf die Verjährung berufen"[31]. Leider hat die politisch Motivierte Änderung des Scheidungsrechts dazu geführt, dass der OGH diese Rechtsprechung nicht mehr ungebrochen weiterführen kann. Denn nach dem neuen Scheidungsrecht kann auch der allein schuldige Ehegatte die Scheidungsklage einbringen und so aus eigener *inprobitas*[32] (Unredlichkeit oder Schlechtigkeit) ein Klagerecht erlangen.

Paul Koschaker hat in seinem Buch ‚Europa und das römische Recht' von einem europäischen Naturrecht gesprochen, „das nicht spekulativ aus der Vernunft, sondern streng historisch aus der Vergleichung derjenigen Privatrechtssysteme gewonnen wird, die zum rechtlichen Aufbau Europas und darüber hinaus der ganzen Kulturwelt beigetragen haben, an der Spitze das römische Recht, das die Verbindung zwischen diesen Rechtssystemen herstellt; ein Naturrecht, das die Rechtserfahrungen aller Kulturvölker sammelt, die Europa aufbauen geholfen haben"[33]. Koschaker spricht in diesem Zusammenhang von einem „relativen" Naturrecht, im Gegensatz zu einem „absoluten", von dem er sagt: „Ein absolutes Naturrecht kommt allerdings nicht in Frage". Dieses Problem kann ich hier nicht durchdiskutieren. Ich möchte nur darauf hinweisen, dass Alfred Verdroß einen wichtigen Beitrag zur Klärung des Verhältnisses zwischen absolutem und unwandelbaren Naturrecht einerseits und den jeweiligen situationsbedingten und damit relativen Konkretisierungen dieses Naturrechts andererseits geleistet hat. In

---

[30] SZ 48 (1975) Nrn. 67 und 79.

[31] SZ 48, Nr. 79, S. 428. Vgl. allgemein dazu Th. Mayer-Maly, Die natürlichen Rechtsgrundsätze als Teil des geltenden österreichischen Rechts, in: Das Naturrechtsdenken heute und morgen, Gedächtnisschrift für R. Marcic, hrsg. von D. Mayer-Maly und P. M. Simons, Berlin 1983, 853 – 864.

[32] Vgl. Ulp. D. 47, 2, 12, 1.

[33] S. 346.

seinem Buch: Statisches und dynamisches Naturrecht[34], unterscheidet er zwischen einem primären unveränderlichen und sekundären veränderlichen Naturrecht. Das sekundäre Naturrecht ist die jeweilige Anwendung des primären in den wechselnden Situationen. Er sagt dann unter anderem: „Veränderlich sind also nur die Konkretisierungen des primären Naturrechts". In diesen veränderlichen „sekundären Normen des Naturrechts" kommt jedoch „das unveränderliche Naturrecht zur Anwendung"[35]. Wenn es dieses primäre, unveränderliche und damit absolute Naturrecht nicht geben würde, könnten seine Normen in einem veränderlichen sekundären Naturrecht auch nicht zur Anwendung kommen. Dann wäre es einfach sinnlos, von Naturrecht zu sprechen. Koschaker meint aber wohl mit dem relativen Naturrecht nur das veränderliche, daher relative sekundäre Naturrecht, das in den durch die historischen Umstände bedingten Konkretisierungen des primären besteht, ohne die von Verdroß explizit gemachte Unterscheidung zu kennen. Dieses sekundäre Naturrecht allein lässt sich streng historisch erforschen. Es ist eben die sich in der Geschichte entfaltende jeweilige „Naturrechtspraxis", die jedoch Existenz und Erkennbarkeit des primären, unveränderlichen Naturrechts voraussetzt.

Um die Bedeutung des *ius naturale* im römischen Recht und auch für uns zu verstehen, ist die von Verdroß klargestellte Unterscheidung sehr wichtig. Sie kann helfen, den Prozess der praktischen Anwendung besser zu verstehen. Die Erkenntnisse der antiken Philosophie betreffend das *ius naturale* allgemein und besonders die für die römischen Juristen historisch bezeugte Naturrechtspraxis haben heute aber auch deswegen größte Bedeutung, weil sogar die Moraltheologie in einer Spätrezeption des positivistischen Wissenschafts- und Wirklichkeitsbegriffes meint, das Naturrecht abtun zu können oder zu müssen, um den Menschen ihre erwünschte „Autonomie" zu gewähren. Dass dies ein Irrweg ist, der nicht zu mehr Menschlichkeit führt, müsste längst klar sein. Auch die pluralistische demokratische Gesellschaft entzieht sich selbst die Grundlage ihres Bestandes, wenn sie meint, dem Menschen vorgegebene Normen missachten zu können.

[34] rombach hochschul paperback band 20, 1971.

[35] Naturrecht 116.

Das hat besonders Joachim Detjen in einer eingehenden Untersuchung zum Verhältnis von Pluralismus und Naturrecht gezeigt[36].

Der „Neukantianismus", der „positivistische *Wissenschaftsbegriff*" und der daraus folgende „*Wirklichkeits-begriff*"[37] haben aber nahezu die gesamte moderne Rechtstheorie mehr oder weniger erfasst. Diese Tendenzen hat vor allem auch der „kritische Rationalismus" von Karl Popper und Hans Albert noch verstärkt[38]. Unter diesen Voraussetzungen wurde das Naturrecht als „Trugbild unserer Wunschträume" bezeichnet und behauptet, „daß wir noch niemals eine Kenntnis, sondern nur ‚die Illusion einer Kenntnis des Naturrechts' besaßen"[39]. Ich kann nicht bestreiten, dass der Verfasser dieser Aussagen keine Kenntnis des Naturrechts besaß. Ich muß ihm aber leider dazu bescheinigen, dass er auch keine Kennntnis der wirklichen Rechtsentwicklung seit der Antike besitzen konnte. Kelsen hat die Kritik an den Naturrechtslehren noch schärfer formuliert, wenn er sagt, dass „die verschiedenen Naturrechtslehren ebenso viele und ebenso verschiedene Antworten wie der relativistische Positivismus" geben. Er sagt dann weiter: „Aber jede dieser Naturrechtslehren gibt dem Individuum die Illusion, daß die Gerechtigkeitsnorm, die es wählt, von Gott, der Natur oder der Vernunft stammt, daher absolut gültig ist und die Möglichkeit der Geltung einer anderen ihr widersprechenden Gerechtigkeitsnorm ausschließt; und für diese Illusion bringen viele jedes *sacrificium intellectus*"[40]. Diese Aussage impliziert, dass die gesamte Entwicklung der abendländischen Philosophie seit Platon über Aristoteles und die Stoa zunächst zu Cicero und der ganzen römischen Rechtswissenschaft, dann zu Augustinus, über den hl. Thomas von Aquin, die spanische

[36] Joachim Detjen, Neopluralismus und Naturrecht. Zur politischen Philosophie der Pluralismustheorie (Politik- und Kommunikationswissenschaftliche Veröffentlichungen der Görres-Gesellschaft Bd. 1), Paderborn u. a. 1988, bes. S. 639.

[37] Vgl. dazu Karl Larenz, Methodenlehre der Rechtswissenschaft, [6]1991, 117.

[38] Vgl. dazu die glänzende Kritik des kritischen Rationalismus von W. Henke, Recht und Staat Heft 434, Tübingen 1974.

[39] So A. Leinweber, Gibt es ein Naturrecht? Beiträge zur Grundlagenforschung der Rechtsphilosophie, [3]1972, 280 und 284 f.; vgl. dazu die Rezension von J. Messner zur 1. Aufl. (1965), Öst. Z. öff. Recht 18 (1968) 132 f.

[40] Reine Rechtslehre, Wien [2] (Neudruck) 1967, 442. Dazu Waldstein, Gesetz und Gerechtigkeit, in: Wahrheit, Wert und Sein, Festgabe für Dietrich v. Hildebrand zum 80. Geburtstag, Hrsg. von B. Schwarz, Habbel, Regensburg 1970, 187 - 189.

Naturrechtsschule bis zur Naturrechtslehre der Aufklärung mit den Naturrechtskodifikationen des 18. und 19. Jahrhunderts und zu den Bemühungen im vorigen Jahrhundert eine ununterbrochene Kette von *sacrificia intellectus* gewesen wäre. Und auf solche würde sich dann auch die gesamte Rechtsentwicklung Europas gründen. Ich kann mir diese Aussage Kelsens nur dadurch erklären, dass er nicht weiß, wovon er spricht. Cicero ebenso wie Ulpian bezeichnen dagegen gerade diese auf Sokrates, Platon und Aristoteles zurückgehende Philosophie als die wahre[41].

Die mit diesen Theorien verbundenen Ansprüche, allein wissenschaftlich zu sein, sind jedoch bereits seit der Antike als in sich widersprüchlich und unhaltbar erwiesen worden. Daher sind sie auch in der Gegenwart wieder kritischer Überprüfung unterzogen worden. Diese Überprüfungen, die freilich von unterschiedlichen Grundpositionen aus erfolgt sind, führten notwendigerweise zum gleichen Ergebnis, zu dem bereits Aristoteles bei der Überprüfung der früheren philosophischen Lehren gekommen ist, die „nur das Sinnliche für Seiendes ansahen". Dann sagt er: „Daher reden sie zwar nach dem Schein, aber nicht nach der Wahrheit"[42]. Hinsichtlich des Relativismus stellt er fest: „... einmal muß, wenn alles, was man meint, und alles, was sinnlich erscheint, wahr ist, alles zugleich wahr und falsch sein. Denn viele haben entgegengesetzte Ansichten und glauben, daß diejenigen, die ihre Meinung nicht teilen, im Irrtum sind, woraus notwendig folgt, daß dasselbe ist und auch nicht ist"[43]. Wie er weiter zeigt, „ergibt sich für alle solche Behauptungen die oft betonte Folge, daß sie sich selbst aufheben"[44]. Eric Voegelin, ehemaliger Assistent von Hans Kelsen, hat bei seiner Analyse der Entwicklung des positivistischen Wissenschaftsbegriffes daher mit Recht festgestellt: „Solche Erwägungen würden das positivistische Bild der Entwicklung

---

[41] Vgl. Cic. Tusc. 4, 6; Ulp. dig. 1, 1, 1, 1. Dazu Waldstein, Römische Rechtswissenschaft und wahre Philosophie, Index 22 (1994) 31 - 45, zu den zitierten Texten dort 33 - 37.

[42] Aristot. metaph. 4, 5; 1010 a 1 - 5.

[43] Aristot. metaph. 4, 5; 1009 a 7 - 12.

[44] Aristot. metaph. 4, 8; 1012 b 13 ff. Dazu ist die vorausgehende Aussage wichtig: "Wer nämlich sagt, alles sei wahr und alles falsch, sagt auch jeden dieser beiden Sätze für sich, so daß, wenn jenes unmöglich ist, auch dieses unmöglich ist" (metaph. 4, 8; 1012 a 34 - 1012 b 2).

von einer frühen religiösen oder theologischen Phase der Menschheit bis zur Höhe der positiven Wissenschaft radikal umstoßen. Nicht nur würde die Linie der Entwicklung, zumindest für die Neuzeit, von einer höheren zu einer niedrigeren Stufe der Rationalität verlaufen, sondern darüber hinaus müßte dieser Abstieg der *ratio* als die Folge geistigen Rückschritts aufgefaßt werden. Damit würde eine Deutung westlicher Geschichte, die in Jahrhunderten entstanden war, revolutioniert werden. Und eine Revolution solchen Ausmaßes würde auf die Opposition ‚progressiver' Elemente stoßen, die sich plötzlich in der Lage rückschrittlicher Irrationalisten befänden"[45].

Voegelin erklärt dann, warum er diese Feststellungen „im Modus des Konjunktivs formuliert". Er sagt dann: „Eine große Zahl von Vorbedingungen mußte erfüllt sein, ehe die kunjunktivischen Erwägungen in die Form indikativischer Aktion übertragen werden konnten. Das Verständnis für Ontologie wie auch die rein handwerksmäßige Technik des Philosophierens mußten neu erworben ... werden"[46]. Es gibt also keine Alternative zu dem von der wahren Philosophie begründeten Bemühen, mit den dem jeweiligen Gegenstand angemessenen Methoden nach der Wahrheit zu suchen.

Seit der Antike wurde zu allen Zeiten Naturrecht mit dem natürlichen Licht der Vernunft erkannt und angewandt. Es wurde auch gesehen, dass eine menschenwürdige Ordnung nur bestehen kann, wenn die dem Menschen vorgegebenen Rechte geachtet werden. Cicero hat das in der bereits zitierten[47] Aussage besonders klar formuliert: *lex ipsa naturae ... utilitatem hominum conservat et continet*. Daher ist die Kenntnis des Naturrechts nicht eine Frage irgendwelcher mehr oder weniger zuverlässiger philosophischer Theorien. Das Naturrecht ist vielmehr eine erkennbare Realität in der gesamten Entwicklung der europäischen Rechtskultur.

IV. Naturrecht als Grundlage der Menschenrechte

---

[45] Die neue Wissenschaft der Politik, deutsche Ausg. 1959, Sonderausgabe der Stifterbibliothek 1977, 48 f. Die Zitate beziehen sich auf diese Ausg.

[46] Neue Wissenschaft der Politik 49. Im ausgelassenen Satzteil steht die ebenfalls sehr wichtige Feststellung: "und vor allem mußte die philosophische Anthropologie wieder als Wissenschaft neu begründet werden".

[47] Oben bei Anm. 2.

Dieses Naturrecht ist auch die Grundlage der modernen Menschenrechte. Martin Kriele hat mehrfach auf das Naturrecht, besonders im Zusammenhang mit den Menschenrechten, Bezug genommen. Die ihm zukommende Bedeutung wird besonders deutlich aus seiner Einführung in die Staatslehre. Im Rahmen der Erörterung des Verhältnisses von „Rule of Law und Rechtsstaat“[48] sagt er dort: „Sofern der Rechtsstaat naturrechtlich verstanden wird, gilt dieses Naturrecht als ein *universal und zeitlos* geltender Normenkomplex“[49]. Die Frage wird natürlich auch in vielen Arbeiten Krieles implizit berührt, selbst wenn nicht ausdrücklich von Naturrecht die Rede ist. Der ganze Bereich der Grundrechte, um die sich Kriele vielfach verdient gemacht hat, setzt die Existenz von „unveräußerlichen Menschenrechten als Grundlage jeder menschlichen Gemeinschaft, des Friedens und der Gerechtigkeit in der Welt“ (GG Art. 1 Abs. 2) voraus. Kriele selbst sagt dazu: „Die Begriffe «Grundrechte und Menschenrechte» werden zwar häufig gleichbedeutend verstanden. Aber nach dem Schwerpunkt sowohl ihrer Herkunft als auch des Sprachgebrauchs kann man so unterscheiden: Grundrechte sind *positives Recht,* Menschenrechte sind *Naturrecht.* In der theoretischen Diskussion spielt dieser Unterschied eine große Rolle. Menschenrechte gelten zeitlich gesehen ewig, räumlich gesehen überall in der Welt; sie sind in der Natur oder in Gottes Schöpfung verwurzelt, sie haben den Charakter der Heiligkeit und Unverbrüchlichkeit“[50].

Wäre es anders, dann könnte es auch die „unverletzlichen und unveräußerlichen Menschenrechte als Grundlage jeder menschlichen Gemeinschaft, des Friedens und der Gerechtigkeit in der Welt“ nicht geben, zu denen sich das Deutsche Volk im Art. 1 Abs. 2 des Grundgesetzes von 1949 bekennt. Denn dann hinge alles von jeweiligen

---

[48] M. Kriele, Einführung in die Staatslehre (^{5}1994) 328 ff.

[49] Einführung 328 f. Eine ausführlichere Auseinandersetzung mit dem Naturrechtsproblem in seinem Beitrag "Rechtspositivismus und Naturrecht politisch beleuchtet", in: Recht - Vernunft - Wirklichkeit (Berlin 1990) 487 - 504.

[50] Einführung 132. Vgl. auch F. D’Agostino, Filosofia del diritto, Torino, ^{2}1996, 68: “I diritti umani, infatti, altro non sono che il modo in cui si ripresentano nel nostro tempo – e in una forma particolarmente agguerita – le istanze più profonde del giusnaturalismo.”

Mehrheitsentscheidungen ab. Diese aber können jedes Recht praktisch unwirksam machen, auch das menschliche Recht auf Leben. Daher ist eine Wiederbesinnung auf die naturrechtlichen Grundlagen unserer Rechtsordnung alles andere als eine theoretische Spielerei.

Diese Wiederbesinnung ist auch nicht schwierig. Man muss nicht lange suchen und theoretisieren. Die Erkenntnisse der römischen Rechtswissenschaft sind seit Jahrhunderten bekannt. Als die im Europarat vereinigten Regierungen europäischer Staaten sich im Jahre 1950 entschlossen, eine Europäische Konvention zum Schutze der Menschenrechte und Grundfreiheiten zu vereinbaren, konnten sie, wie die Präambel zu dieser Konvention sagt, an „ein gemeinsames Erbe an geistigen Gütern“[51] anknüpfen. Nach den Greueln des Nationalsozialismus und des zweiten Weltkrieges war dieses Erbe als Grundlage für den Wiederaufbau Europas besonders klar im Bewusstsein aller. Theodor Heuss konnte im selben Jahr 1950 über dieses Erbe sagen: „Von drei Hügeln ging Europa aus: von der Akropolis, dem Capitol und Golgatha“[52]. Diese Worte hat Erich Genzmer in seinem Beitrag: „Das römische Recht als Mitgestalter gemeineuropäischer Kultur“[53] mit Recht zur Charakterisierung jener Faktoren angeführt, die Europa gestaltet haben: die griechische und römische Kultur, zu denen die griechische Philosophie und das römische Recht als tragende geistige Faktoren gehören, und das Christentum. Im Jahre 1949, also ein Jahr vor der MRK, hatte das Deutsche Volk, wie es die Präambel zum Grundgesetz sagt, „Im Bewußtsein seiner Verantwortung vor Gott und den Menschen ... sich ...dieses Grundgesetz gegeben“. Wie die Begründung für „die Einbeziehung der invocatio dei in die Präambel“ durch den Abg. Dr. Süsterhenn zeigt, lag ihr gerade das in der Präambel zur MRK angeführte gemeinsame Erbe an geistigen Gütern zu Grunde[54]. Ein

[51] Präambel Abs. 5, wiedergegeben bei Klecatsky/Morscher, Das österreichische Bundesverfassungsrecht, ^{3}1982, 1052.

[52] In einer Rede vom 26. 9. 1950, zitiert bei E. Genzmer, FS für Rudolf Laun, Hamburg 1953, 499.

[53] FS Laun (vorige Anm.) 499 ff.

[54] Vgl. Klaus-Berto v. Doemming/Rudolf Werner Füsslein/Werner Matz, Entstehungsgeschichte der Artikel des Grundgesetzes, in: Gerhard Leibholz/Hermann v. Mangoldt (Hrsg.), Jahrbuch des öffentlichen Rechts der Gegenwart, NF Bd. 1 (1951), S. 29 und die Diskussion dort ff. Zum Problem

laizistischer europäischer Staat konnte freilich durch sein Veto bewirken, dass in eine europäischen Verfassung inzwischen keine invocatio Dei mehr aufgenommen werden kann. Hierin zeigt sich der totalitäre Zug des Laizismus, wie er sich bereits in der französischen Revolution offenbarte. Das gemeinsame Erbe ganz Europas muss aufgegeben werden, weil ein Staat es will und der Abstimmungsmodus in der Europäischen Gemeinschaft dies möglich macht.

Die Grundlagen unserer Rechtsordnung sind sogar den aktuellen europäischen Gerichtshöfen in ihrer Bedeutung bekannt. Rolf Knütel konnte das in einem Beitrag zu *Ius commune* und römisches Recht vor Gerichten der Europäischen Union[55] zeigen. Er kann den Generalanwalt Trabucchi zu den allgemeinen Rechtsgrundsätzen unter anderem mit folgender Aussage zitieren: „Wir finden sie in den antiken Rechtsordnungen als *ratio scripta* (geschriebene Vernunftordnung) des menschlichen Zusammenlebens, wir finden sie in den Kodifizierungen des 19. Jahrhunderts, die gerade konzipiert wurden, um die Gültigkeit solcher Aussagen in Artikeln festzulegen; wir finden sie heute in noch feierlicherer Form in den modernen Verfassungen vor ... Vor diesen Grundsätzen muß die Tätigkeit der Gemeinschaftsorgane respektvoll innehalten ...“[56]. Es ist daher nicht nur möglich, sondern sogar von Organen der Europäischen Union anerkannte Pflicht, diese Grundlagen zu beachten.

Nur wenn diese Grundlagen wieder mehr anerkannt und tatsächlich beachtet werden, kann es auch wieder einen wirksamen Schutz der Menschenrechte geben. Die Bildung des Rechtsbewusstseins ist daher eine der wichtigsten Aufgaben, um eine europäische Wertegemeinschaft auf der Grundlage des „gemeinsamen Erbes an geistigen Gütern“ wiederherstellen zu können und damit auch eine menschenwürdige Zukunft der Menschheit insgesamt zu sichern.

---

eingehend Ethel Leonore Behrendt, Gott im Grundgesetz, Der vergessene Grundwert "Verantwortung vor Gott", München 1980.

[55] In: Jus. Zeitschrift für Studium und praktische Ausbildung 9 (1996) 768 – 778.

[56] Jus ... bei Anm. 126.

Benedikt XVI., Hans Kelsen, der Rechtspositivismus und das Naturrecht

Bemerkungen zu Rechtspositivismus und Naturrecht aus Anlass der Rede Papst Benedikts XVI. vor dem Deutschen Bundestag

Von Dr. Hartmut Hahn

Einleitung

Der Rede Kardinal Joseph Ratzingers, die er als Papst Benedikt XVI. am 22. September 2011[1] vor dem Deutschen Bundestag gehalten hat, ist ein breites Echo gefolgt. Unter den Formulierungen, die Anlass zu Diskussionen gegeben haben[2], befand sich auch eine knappe Bemerkung zu einem Grundproblem wohl aller Rechtsordnungen. Mit ihr beschäftigen sich die folgenden Zeilen. Sie betraf den Rechtspositivismus und zugleich den Gelehrten, der schlechthin für diese Richtung des Rechtsdenkens steht[3], *Hans Kelsen*. Dieser habe später in seinem Leben, so wird man den heiligen Vater zu verstehen haben, letztlich die Grundposition des Rechtspositivismus geräumt, nämlich die These, aus einem Sein könne kein Sollen hergeleitet werden.

Diese Bemerkung, eigentlich mehr beiläufig getan, eigentlich auch mehr ein Problem der Rechtsphilosophie und – was die Biographie *Kelsens* anlangt – eigentlich mehr ein Problem für Spezialisten, hat

[1] „Über die Grundlagen des freiheitlichen Rechtsstaats", abrufbar unter http://www.bundestag.de/Mediathek/index.jsp?action=search&-contentArea=details&offsetStart=0&id=1331569&-&; abgedruckt z.B. in Rechtstheorie 42 (2011), 275; ferner unter dem Titel „Die Ökologie des Menschen" in FAZ Nr. 222 vom 23.9.2011, S. 8; in Auszügen abgedruckt in Vatican Magazin, 6. Jg., Heft 11

[2] Neuerdings z.B. *Rhonheimer,* Christentum und säkularer Staat, 2. Aufl., 2012, 439 ff

[3] Etwas anders und differenzierter *Jan Schröder,* Gab es im deutschen Kaiserreich einen Gesetzespositivismus ?, Festschrift (FS) für Otte, 2005, 571 (584)

zahlreiche Reaktionen hervorgerufen, sowohl in Beiträgen in der Tagespresse[4] als auch in Gestalt von Leserbriefen[5], und auch bei Autoren der Rechtswissenschaft. Hervorzuheben ist z.B., dass sich ein hoch angesehener Jurist und ausgewiesener Kenner der Rechtsphilosophie, *Horst Dreier,* veranlasst sah, sich zu äußern, was in der ebenfalls angesehenen Juristen-Zeitung geschah[6]. Ein breiteres Forum kann man sich eigentlich nicht wünschen. Nach den „Naturgesetzen" allerdings, die in der Medienöffentlichkeit wirksam sind, könnten Diskussion und Leserbrief-Duell gleichwohl längst vergessen sein. (Immerhin widmet aber das ‚Vatican magazin', beginnend mit seinem Novemberheft des vergangenen Jahres dem Naturrecht eine Artikelserie unter dem Titel: „Die feine Waage des Naturrechts".)[7] Aber die Diskussion und ihr Gegenstand als solcher dürften für jeden recht informativ sein, der sich mit der traditionellen Frontstellung zwischen Rechtspositivismus und Naturrecht auseinandersetzt. Denn ebenso, wie es ewige Probleme der Philosophie gibt, gibt es solche des Rechts und seiner Grundlegung. Die Betrachtung des gedanklichen Hintergrundes der Rede zeigt uns auch, gebrochen und beleuchtet durch die rechtsphilosophische Fragestellung die Bedeutung des Neukantianismus, seinen Einfluss auf das Denken *Kelsens* und auf das Naturrecht. Erinnern wir uns schlagwortartig an das, was den Positivismus ausmacht[8]. *Kelsen*[9] definiert, wohl allgemein anschlussfähig: *„Unter juristischem Positivismus versteht man jene Rechtstheorie, die nur positives Recht als ‚Recht' begreift und jede andere soziale Ordnung, auch wenn sie im*

[4] *Oliver Tolmein,* Unser Positvismusstreit ist noch jung, FAZ v. 22.11.2011; *Spaemann,* Interview mit ‚Die Welt' am 22.9.2012; einen Überblick über die Pressestimmen bietet *Bergmann,* Rechtstheorie 42 (2011), 273

[5] *Rupert Hofmann,* Papst Benedikt XVI. und Hans Kelsen, FAZ vom 25. 10.2011; *Klaus Heithmann,* Recht und Gerechtigkeit, FAZ v. 25.10.2011; *Horst Dreier,* FAZ v. 3.11.2011; *Marcus Frings,* Papst Benedikt, mit hörendem Herzen, FAZ v. 17.11.2011; *Stephan Rixen,* Homosexualität? Natürlich unnatürlich, FAZ v. 30.11.2011; *Wolfgang Waldstein,* Wer irrte ?, FAZ v. 9.11.2012; *Björn Schumacher,* Der autoritäre Rechtsbefehl und die Moral, FAZ v. 17.11.2011

[6] „Benedikt XVI. und Hans Kelsen", Juristen-Zeitung (JZ) 2011, 1151

[7] Ferner noch *Rhonheimer,* Christentum und säkularer Staat, 2. Aufl., 2012, 439 ff; und – ein später Nachhall – *Rosen,* Ein Hauch von Vormärz, Junge Freiheit vom 12.4.2013

[8] Eine neutrale Darstellung (auch) der Lehren des Positivismus findet sich bei *Henkel,* Einführung in die Rechtsphilosophie, 2. Aufl., 1977, 496f.

[9] Juristen-Zeitung (JZ) 1965, 465

Sprachgebrauch als ‚Recht' bezeichnet wird, wie insbesondere das ‚Naturrecht', nicht als Recht gelten lässt." Entscheidende, nicht nur den Christen herausfordernde Konsequenz dieser Sichtweise ist der Satz, dass eine von der rechtssetzenden Autorität in dem dafür vorgesehenen Verfahren erlassene Rechtsnorm jeden beliebigen Inhalt haben kann; insbesondere kann sie, wie auch seitens prominenter Vertreter des Positivismus ausdrücklich hervorgehoben wird[10], auch einen moralisch verwerflichen Inhalt haben, ohne dass dies ihre Eigenschaft als eine verpflichtende Rechtsnorm entfallen lassen würde.

Das hierin liegende bedeutsame und oft diskutierte Problem wollen wir indessen an dieser Stelle nicht weiter erörtern. Auch Benedikt XVI. hat es damals nicht berührt. Er hat ein ebenfalls viel diskutiertes Problem angesprochen, welches ebenfalls den Gegensatz zwischen Positivismus und Naturrecht betrifft. Neben dieses Interesse, welches diese Grundprobleme der Rechtsphilosophie für sich in Anspruch nehmen dürfen, besteht auf einer anderen Ebene, derjenigen der Zeitgeschichte, ein weiteres, besonderes Interesse. Das wird noch zu verdeutlichen sein. Wir referieren zunächst die in Betracht kommende Passage aus der Rede Benedikts XVI. unter Abschn. I., erläutern den rechtsphilosophischen Hintergrund in den Abschnitten II und III und bewerten die Diskussion – auch hinsichtlich ihrer erwähnten zeitgeschichtlichen Aspekte in Abschnitt IV.

I. Die Ausführungen der Rede zum Rechtspositivismus und die hierdurch ausgelöste Diskussion

1. Die Aussage Benedikts XVI. und ihr Kontext

Betrachten wir zunächst die Redepassage, um die es hier nur geht, etwas detaillierter und in ihrem gedanklichen Kontext: Der heilige Vater wirbt für eine erneute und unbefangene Auseinandersetzung mit den Lehren des Naturrechts, im Idealfall um ihre Akzeptanz. In diesem Zusammenhang verweist er auf die Rezeption naturrechtli-

[10] *Kelsen,* Pure Theory of Law, Berkely and Los Angeles, 1967, Nachdruck 2009, S. 65, 68; im folgenden „RR" (= Reine Rechtslehre). Wir benutzen diese von Max Knight besorgte Auflage; ihr liegt die zweite Auflage der ‚Reine Rechtslehre', Wien 1960, zu Grunde, die im Buchhandel nicht mehr erhältlich ist.

cher Anschauungen durch die römischen Juristen, vermittelt durch die Stoa[11] um damit zugleich zu verdeutlichen, dass es ein Naturrecht gebe, welches der menschlichen Vernunft zugänglich sei und nicht zwingend auf der Annahme eines transzendenten Gottes beruhe, also ein nicht-christliches Naturrecht. Oft werde das verkannt und habe, so der heilige Vater weiter, dazu geführt, dass das Naturrecht heute geradezu als „katholische Sonderlehre" gelte. Grund für diese Entwicklung sei *„zunächst die These, dass zwischen Sein und Sollen ein unüberbrückbarer Graben bestehe. Aus Sein könne kein Sollen folgen, weil es sich um zwei völlig verschiedene Bereiche handele."* Wenn man – mit *Kelsen* und mit dem Positivismus generell - die Natur als *„ein Aggregat von als Ursache und Wirkung miteinander verbundenen Seinstatsachen"* ansehe, sei in der Tat keine *„Brücke zu Ethos und Recht"* möglich. Vergleichbares gelte für die Vernunft, wenn diese im *„positivistischen Sinne"* verstanden werde, denn ein solches enges Verständnis reduziere sie auf die Kategorien *„verifizierbar oder falsifizierbar"* und setze *„die klassischen Erkenntnisquellen für Ethos und Recht außer Kraft ... ."* An diese Feststellungen schließt Benedikt XVI. den Appell an, die durch diese Sichtweise entstandenen Schranken zu durchbrechen und fügt den Satz – einen einzigen, aber zugleich auch den zu der uns interessierenden Diskussion Anlass gebenden – hinzu, der auf *Hans Kelsen* verweist: *„Der große Theoretiker des Rechtspositivismus, ..., hat - im Alter von 84 Jahren – den Dualismus von Sein und Sollen aufgegeben".*

Dieser Satz hat also die Diskussion ausgelöst, um die es uns geht. Der eingangs schon erwähnte Verfassungsrechtler, emeritierter Professor an der Universität Würzburg und Herausgeber eines Kommentars zum Grundgesetz *Horst Dreier* hat in dem zitierten kurzen Aufsatz in der Juristen-Zeitung ausgeführt: Ein solcher Meinungswechsel habe nicht stattgefunden. Bis zuletzt – *Hans Kelsen* ist im Jahre 1973 gestorben – habe dieser zwar in der Tat Einzelpunkte seiner Lehre überprüft und auch modifiziert, es ließen sich auch gewissermaßen

---

[11] Unter Bezugnahme auf *Waldstein,* Ins Herz geschrieben, 2010, 11ff, 31-61; eingehend *ders.,* Ius naturale im nachklassischen römischen Recht und bei Justinian, in Zeitschrift der Savigny-Stiftung für Rechtsgeschichte 111 (1994), Romanistische Abteilung, S. 1 (10, 47); aus der nicht-juristischen Literatur *Pohlenz,* Die Stoa, 7. Aufl., 1992, 57ff, 79, 131 ff

Epochen in der Entwicklung seiner Theorie unterscheiden[12], an der kategorialen Trennung zwischen Sein und Sollen aber, so *Dreier*, habe dieser stets festgehalten[13].

In der Auseinandersetzung spielt ein dritter Protagonist eine Rolle. Aus der offiziellen Publikation des Redemanuskripts ergab sich, wie sofort festgestellt wurde, dass sich Benedikt XVI für seine Äußerung auf Ausführungen von *Wolfgang Waldstein*, den Lesern der Civitas bekannt[14], bezog. Dieser widmet sich im zweiten Kapitel seines Buchs „Ins Herz geschrieben" („Gibt es ein Naturrecht ?") der Sein/Sollens-Problematik und der Stellung des Positivismus hierzu: Das *„hohe wissenschaftliche Ethos Kelsens* (habe) *es ihm möglich gemacht, noch im hohen Alter von 84 Jahren 1965 bei der Darstellung des Verhältnisses von Recht und Logik die Lehre vom Dualismus zwischen „Sein" und „Sollen" endgültig aufzugeben.*"[15] Er zitiert hierzu Ausführungen *Kelsens* in dessen im Jahre 1965 erschienener Abhandlung „Recht und Logik"[16]. Dieser stelle Aussagen einerseits und Normen andererseits einander gegenüber. Hinsichtlich der ersteren gehe es darum, ob sie wahr oder falsch seien. An die Rechtsnorm lasse sich diese Frage nicht richten. Hier gehe es um deren Geltung. Anders als die Prädikate „wahr" oder „falsch", die Eigenschaften von Aussagen über das Sein seien, sei für *Kelsen* die Geltung keine Eigenschaft einer Norm, *„sondern ihre Existenz, ihre spezifische, ideelle Existenz ...".* Und er zitiert *Kelsen* sodann mit der Formulierung: „Dass eine Norm gilt, bedeutet, dass sie vorhanden ist." Hieraus folge aber, so wiederum *Waldstein*, dass eine Norm ein Sein habe. Da aus einer Norm aber ein Sollen folge, müsse man zugestehen, dass

---

[12] Dazu *Heidemann*, Noch einmal: Stanley L. Paulson und Kelsens urteilstheoretischer Normbegriff, in Archiv für Rechts- und Sozialphilosophie (ARSP) 93 (2007), 345; *ders.*, Geltung und Sollen: Einige (neu-)kantianische Elemente in der Reinen Rechtslehre Hans Kelsens, in *Alexy/Meyer/Paulson/Sprenger*, Neukantianismus und Rechtsphilosophie, 2002, 203, das Sammelwerk wird nachfolgend zitiert als „NKRPhil".

[13] *Dreier* verweist auf *Kelsen*, Logisches und metaphysisches Rechtsverständnis, Österreichische Zeitschrift für öffentliches Recht 18 (1968), S. 1 ff, S. 23 ff, abgedruckt in dem Sammelwerk *Klecatsky/Marcic/Schambeck (Hrsg.)*, Die Wiener rechtstheoretische Schule, 1968, nachfolgend zitiert als „WRthS".

[14] Naturrecht im römischen Recht und in der europäischen Rechtsgeschichte, Civitas 7 (2009), 11 ff

[15] *Waldstein* (Fn. 11), 17, 18

[16] *Kelsen*, Recht und Logik, in: WRthS, Bd. 2, 1968, 1469 (1472)

aus einem Sein entgegen der These des Positivismus ein Sollen folgen könne. Und *Kelsen* habe dies – jedenfalls indirekt, so wird man *Waldstein* ergänzen dürfen – in den zitierten Formulierungen auch anerkannt.[17] *„Diese Erkenntnis Kelsens ...“* habe gewisse Argumente (die wir hier beiseite lassen dürfen) *„als völlig haltlos erwiesen.“*[18] Auch dem tritt *Dreier* in seinem Aufsatz entgegen. Es handele sich um einen „kruden Rechtsnaturalismus“.

Auf einer Etage unterhalb des bislang Referierten hat es weitere Stellungnahmen und Äußerungen gegeben. *Rixen,* Professor für Öffentliches Recht in Bayreuth, stellt nicht näher bezeichnete Verbindungen zu nicht näher bezeichneten französischen Bischöfen aus der Zeit des Vichy-Regimes in Frankreich und zu solchen der Franco-Bewegung her und einiges andere mehr. Ein weiterer Autor insinuiert wohl antisemitische Haltungen Benedikts XVI, denn dieser spreche von „Kelsen“, lasse also den Vornamen weg. – Schieben wir rasch den Deckel wieder auf das Gully zurück und widmen wir uns einer kurzen Analyse des Sachverhalts !

2. Analyse: Die Sachaussage und das Element des Rhetorischen

Betrachtet man den Sachverhalt nüchtern-vordergründig, so geht es lediglich um ein biographisches Faktum aus dem Leben *Hans Kelsens.* Es geht gewissermaßen um eine Konversion, und die Diskussion dreht sich vordergründig darum, ob es sie wirklich gegeben hat. Die nähere Betrachtung der Aussage Benedikts XVI. in ihrem Zusammenhang zeigt nun aber, dass offenkundig Einzelheiten der Biographie *Hans Kelsens* nicht Gegenstand seiner Ausführungen waren. Sie sind auch nicht Bestandteil der Gedankenführung der Rede, die Bemerkung hierzu hätte ohne weiteres entfallen können, ohne dass die Gedankenführung dadurch beeinträchtigt worden wäre. Auf der Suche nach den Ursachen für die Wirkung der Bemerkung betreten wir somit das faszinierende Reich der Rhetorik. Wir werden diesen Aspekt unten unter IV. 2. nochmals aufgreifen.

---

[17] Zust. *Augsberg,* Der „naturalistische Fehlschluss“ als juristische Argumentationsfigur, ARSP 94 (2008), 461 (471)

[18] (Fn. 14), 18

Natürlich geht es hierbei nicht um Rhetorik im strengen, schulmäßigen Sinne, also um die Produktion mehr oder weniger eleganter Formulierungen, deren Bezug zu einem sachlichen Gehalt von zweitrangiger Bedeutung wäre. Eine solche Annahme verbietet sich hier von selbst. Es handelt sich vielmehr um diejenigen knappen Auflockerungen, die die gesprochene Rede stets benötigt. Der Vortrag wissenschaftlicher Texte, so wie sie in ‚wissenschaftlicher Prosa' zunächst formuliert wurden, ist praktisch unmöglich. Gleichwohl hat die Bemerkung zu *Hans Kelsens* ‚Konversion' eine ambivalente, doppelbödige Diskussionslage erzeugt. Der äußeren, sprachlichen Form nach wie auch nach ihrem sachlichen Gehalt eine Nebenbemerkung, hat diese in einem Nebensatz untergebrachte Bemerkung die Wucht einer zentralen Sachaussage: Sie besagt nicht mehr, aber auch nicht weniger, als dass der Jahrhundert-Jurist, der *Hans Kelsen* ist[19], eine der Grundpositionen, die er sein Leben hindurch vertreten hatte, aufgegeben habe. Warum es sich um eine solche gewichtige Grundposition handelt, wird deutlich, wenn man sich die Stellung des Sein/Sollens-Problems im Lehrgebäude des Positivismus vergegenwärtigt.

---

[19] Man wird vielleicht fragen, was mit dem Prädikat „Jahrhundertjurist" gemeint ist. Als solcher wird *Kelsen* z.B. von *Dreier* in *Heinrichs* u.a. (Hrsg.), Deutsche Juristen jüdischer Herkunft, 1993, und von Stanley L. Paulson (Fn. 53), 104, bezeichnet. Am ehesten wird dies dann deutlich, wenn man sich bewusst macht, dass, anders als wohl in allen übrigen Wissenschaften, die Jurisprudenz jedenfalls seit dem Ende der Aufklärung eine nationale Wissenschaft ist. Ein ‚bedeutender Rechtsgelehrter' ist nur als deutscher, englischer, italienischer etc, nicht aber als Rechtsgelehrter schlechthin vorstellbar. Auf diesem Hintergrund hebt es sich dann als Ausnahme, eben als Jahrhundertphänomen ab, wenn ausnahmsweise ein Rechtsgelehrter dann doch über seine Heimatrechtsordnung hinausgehende Bedeutung erlangt, - so dass z.B. auch ein englisches, französisches oder italienisches Staatsrechtslehrbuch, ein gewisses Niveau immer vorausgesetzt, ihn erwähnt oder gar erörtert. Im 20. Jahrhundert war dies aus der deutschen bzw österreichischen Rechtswissenschaft vielleicht nur bei *Hans Kelsen* und *Carl Schmitt* der Fall.

Dass sich aus dem Sein ein Sollen ergibt, gehört zu den Fundamenten aller naturrechtlichen Lehren[20]. Sie ist notwendige, wenn auch nicht hinreichende Bedingung für sie[21], und zwar sowohl für das christliche als auch für diejenigen Naturrechtssysteme, die dem sog. Vernunftrecht zugerechnet werden. Gerade auf Letzteres hatte Benedikt XVI in seiner Rede hinweisen wollen. Anderes würde, so wird bisweilen ergänzt, lediglich für den Fall gelten, dass man die obersten Sollensprinzipien deshalb als nicht begründungsbedürftig ansehe, weil man sie als intuitiv einleuchtend betrachtet[22]. Da es erklärtermaßen zum wissenschaftlichen Programm der reinen Rechtslehre gehört, diese eben „rein" zu halten von Aussagen der Politik, der Weltanschauung, der Morallehren u.s.w., und da sie zu den Letzteren auch das Naturrecht rechnet, scheint der Satz, dass aus einem Sein sich kein Sollen ergeben könne, für die reine Rechtslehre zentrale Bedeutung zu haben[23]. Auch jenseits rechtsphilosophischer Zusammenhänge hat er

[20] Wir verweisen auf Thomas, S.th. I, quaestio 5, Art. 1: „Das Gute und das Seiende sind sachlich eins," denn – Contra Gentiles III, 16 – „jedes Seinsding ist durch seine Tätigkeit auf ein Ziel gerichtet ... Nun findet das Streben eines jeden Dinges seinen Abschluss in einem Gut ... Das Ziel eines jeden Dinges ist die ihm entsprechende Vollkommenheit ... Also ist jedes Ding auf das Gute als sein Ziel hingeordnet." Naturrechtlich betrachtet ist die Immanenz des Normativen gegeben. Gerade dies sagt *Kelsen* nicht. Und eine Reihe weiterer in diesem Zusammenhang von ihm getaner Äußerungen bestätigen dies. Die Frage nach Sein und Sollen stand auch auf der Tagesordnung des Weltkongresses für Rechts- und Sozialphilosophie des Jahres 1967. Ein Bericht hierüber findet sich bei *Lampe,* JZ 1968, 107

[21] *Höffe,* Naturrecht ohne naturalistischen Fehlschluss, 1980, 18ff; *Klug,* Die Reine Rechtslehre von Hans Kelsen und die formallogische Rechtfertigung der Kritik an dem Pseudoschluss vom Sein auf das Sollen, in: Essays in Honor of Hans Kelsen, Knoxville 1964, 153 (154); *Henkel* (Fn. 8), 516; *Radbruch,* Der Relativismus in der Rechtsphilosophie (1934), Gesamtausgabe Bd. 3, 17; *ders.,* Rechtsphilosophie, 3. Aufl., (1932), Gesamtausgabe Bd. 2, 6, 8; *Sandkühler,* „Natur des Rechts und Relativismus im Recht, NRPh, 2002, 127 (135); *Bydlinski,* Juristische Methodenlehre und Rechtsbegriff, 1982, 257. *Henkel* (Fn. 8), 516

[22] Diese Einschränkung macht *Hoerster,* Zum Problem der Ableitung eines Sollens aus einem Sein in der analytischen Moralphilosophie, ARSP 55 (1969), 11; zur Bedeutung der Intuition *Waldstein,* Naturrecht und römisches Recht in der europäischen Rechtsentwicklung, Civitas Nr. 7, 2009, 11 (17ff)

[23] *Kelsen,* Pure Theory of Law, 73 f; *Neumann,* Bedingungen der Validität des „naturalistischen „Fehl"- Schluses", in FS Rottleuthner, 2011, 62 ff; *Stanley L. Paul-*

sich zu einer Standardaussage entwickelt[24] (und von ihr geht der trügerische Schein der Evidenz aus, weil sie auf Vorstellungen beruht, die sich nachhaltig in unser mehr oder weniger unreflektiertes Weltwissen eingenistet haben). *Kelsen* selbst, der sich ausdrücklich mit dieser Frage auseinandergesetzt hat[25], hat ihn gerade auch im Rahmen seiner Auseinandersetzung mit den Lehren des Naturrechts verfochten: Das Postulat dieser Reinheit sei auch *„gegen die Naturrechtslehre* (gerichtet, HH), *die - weil sie die ausschließlich und allein im positiven Recht gegebene Beziehungslage ignoriert - die Rechtstheorie aus dem Bereiche positiver Rechtssätze in den der ethisch-politischen Postulate zieht.*"[26] Bei der Annahme, dass aus einem Sein ein Sollen hergeleitet werden kann, handelt es sich also um den Satz, der alle Naturrechtslehren welcher Art auch immer in einen Gegensatz zum Rechtspositivismus führen muss[27]. Dessen Vertreter sprechen auch von einem „naturalistischen Fehlschluss"[28]. Auch der mainstream der gegenwärtigen juristischen Praxis, wo eine rechtsphilosophische Reflexion nicht stattfindet, sondern in dieser Hinsicht allgemeine Überzeugun-

---

son, Fakten/Wert-Distinktion: Zwei-Welten-Lehre und immanenter Sinn, in NRPhil, 223 (226, 233); *Radbruch,* Über die Methode der Rechtsvergleichung, Gesamtausgabe. Bd. 15, 152 (154); *ders.,* Grundzüge der Rechtsphilosophie, Gesamtausgabe Bd. 2, 230; *Renzikowski,* Der Begriff der Zurechnung in der reinen Rechtslehre Hans Kelsens, NRPhil., 253 (260); *Winkler,* Sein und Sollen, Rechtstheorie 1979, 257 (262); etwas anders mit Gründen, die uns beachtlich erscheinen *Pohlmann,* Zurechnung und Kausalität, Rechtstheorie, Beiheft 1984, 81 (84); *Wilson,* Is Kelsen really a Kantian ?, in *Tur/Twining,* 37 (38f)

[24] Z.B. *Borowski,* Grundrechte als Prinzipien, 2. Aufl., 2007, 147; *Säcker* in Münchener Kommentar zum BGB, 6. Aufl., 2012, Bd. I, Einl. Rz. 103; *Schulze,* Die Naturalobligation, 2008, 77; *Zippelius,* Recht und Gerechtigkeit in der offenen Gesellschaft, 1994, S. 40

[25] *Kelsen* Die philosophischen Grundlagen der Naturrechtslehre und des Rechtspositivsmus,1928, WRthS, Bd. I, 281 ff; *ders.,* Zum Begriff der Norm, in FS Nipperdey, 1965, Bd. I 572; ferner auch *ders.*, RR (Fn. 10), 220, *ders.,* Hauptprobleme der Staatsrechtslehre, Neudruck der zweiten Aufl. von 1923, 1960, S. VI, im Folgenden „Hauptprobleme".

[26] *Kelsen,* Hauptprobleme (Fn. 25), S. V

[27] *Klug* (Fn. 21), 164; *Raz,* The Purity of the Pure Theory, in: *Tur/Twinig* (Fn. 23), 79 (81); *Waldstein* (Fn. 11), 19

[28] Die Terminologie ist schwankend, z.B. ist auch von einem „Sein-Sollen-Fehlschluss" die Rede, zur Herkunft und Abgrenzung des Terminus *Augsberg,* Der ‚naturalistische Fehlschluss", ARSP 94 (2008), 461 (470).

gen referiert werden, hat ihn rezipiert, wie der Blick z.B. auf einen Standardkommentar zeigt[29].

Weitere Implikationen dieses Gegensatzes, derer es naturgemäß nicht wenige gibt, können wir hier nicht darlegen[30]. Nur ein einziger Aspekt sei kurz hervorgehoben. Er hilft, die Vehemenz der Diskussion etwas besser zu verstehen. Man muss sich vergegenwärtigen, dass der Positivismus gerade in seiner Ausformung in Gestalt der reinen Rechtslehre auch und vielleicht sogar in erster Linie eine Wissenschaftstheorie bedeutet[31], d.h. einen wissenschaftstheoretischen Anspruch erhebt. Dieses Element zeigt sich daran, dass seine zentrale Annahme in einer „Identifizierung des geltenden Rechts mit dem Inhalt beobachtbarer Rechtssetzungsakte, praktisch also mit den gegebenen Gesetzen“[32] besteht. Bereits der Formulierungsteil ‚beobachtbarer Rechtssetzungsakte' bringt zum Ausdruck, dass der Positivismus sich dem Wissenschaftsideal der Naturwissenschaften verpflichtet sieht und das Substrat dieser Empirie eben die Rechtssetzungsakte und ihre Ergebnisse, die Gesetze, darstellen[33]. Ausschließlich von ihnen geht die Rechtswissenschaft aus, *„welche die Rechtssätze und ihre Anwendung ausschließlich aus System, Begriffen und Lehrsätzen der Rechtswissenschaft ableitet, ohne außerjuristischen, etwa religiösen, sozialen oder wissenschaftlichen Wertungen und Zwecken rechtserzeugende oder*

---

[29] Vgl. z.B. *Säcker* (Fn. 24), Einl. Rz. 103.

[30] Der Begriff des Seins der modernen Naturwissenschaft ist für den Rechtspositivismus der Seins-Begriff schlechthin. Dieser hat jedoch keinen normativen Gehalt; auch das hat expressis verbis ausgeführt. Hier liegt exakt der Unterschied zur Lehre des Naturrechts. Eine wichtige Konsequenz liegt darin, dass er die Existenz einer ‚Grundnorm' annehmen muss (Raz (Fn. 27), 94), will das Recht nicht aus der Natur ableiten. Worin diese Grundnorm besteht, ist eine der zentralen und umstrittenen Fragen der reinen Rechtslehre.

[31] *Sandkühler* (Fn. 21), 141f; vgl. auch die Ausführungen *Stanley L. Paulsons* zur letztlich kantischen Vorstellung der „Reinheit“ der Rechtslehre in AöR 124 (1999) 631 (638); und *Pohlmann* (Fn. 21), 84

[32] *Otte*, Art. „Rechtspositivismus“ in Staatslexikon, hrsg. von der Görres-Gesellschaft, 7. Aufl., 1988, Sp. 723 (724)

[33] Von einer empirischen Naturwissenschaft grenzt sich *Kelsen* allerdings ausdrücklich ab. Die reine Rechtslehre ist kein soziologischer Positivismus, vgl. z.B. RR (Fn. 10), 86; *ders.*, Über Grenzen zwischen juristischer und soziologischer Methode, WRthS, Bd. I, 3 (9). Einzelheiten müssen und können auch hier unerörtert bleiben.

rechtsändernde Kraft zuzugestehen."[34] Damit ist das Anliegen des Rechtspositivismus, insbesondere auch dasjenige seiner Ausprägung in der reinen Rechtslehre, zum Ausdruck gebracht, das Recht als solches autonom zu betrachten. Positivismus ist in diesem Sinne eine Theorie der Rechtswissenschaft[35].

Mit diesem Ausschluss außerrechtlicher Faktoren sind nun aber die Voraussetzungen eigentlich abschließend formuliert, unter denen ‚wissenschaftliche' Jurisprudenz vom Standpunkt des Positivismus aus überhaupt nur möglich ist. Dem Ziel einer solchen Autonomie der rechtswissenschaftlichen Betrachtung, der „Reinheit" der Rechtslehre, müsste es deshalb genügen, andere Systeme von Sollenssätzen aus ihrem Bereich auszuschließen, etwa auch solche der Moral und solche des Naturrechts. Dass dies so ist, ergibt sich z.B. aus dem Begriff der Rechtsnorm, wie ihn der Positivismus verwendet: Eine Rechtsnorm ist eine Willensäußerung einer staatlichen Autorität, die gegebenenfalls mit Mitteln der staatliche Zwangsgewalt durchgesetzt werden kann. Diese Voraussetzungen erfüllen, was die reine Rechtslehre an sich auch so sieht, die Sätze des Naturrechts nicht. Wenn es sich aber aus der Sicht des Positivismus bei ihnen nicht um Rechtsnormen handelt, sind die Normen des Naturrechts für die so verstandene Rechtswissenschaft irrelevant; sie sind damit aber schlichtweg aus dem Beobachtungsfeld ausgeschlossen, und bedürften aus dieser Sicht keinerlei Widerlegung. Mit anderen Worten: Man kann als Positivist das Naturrecht als Inbegriff moralischer Normen betrachten ohne damit zugleich die Sein/Sollensproblematik aufwerfen zu müssen. Sein Gedankengebäude „steht" auch ohne ihre Beantwortung.

Wenn nun die Sein/Sollens-Problematik gleichwohl den Stoff zu einer Kontroverse geben kann, zu der auch die hier Vorliegende rech-

---

[34] Wieacker, Privatrechtsgeschichte der Neuzeit, 2. Aufl., 431; ähnlich *Lüderssen,* Einleitung in *Feuerbach/Mittermaier,* Theorie der Erfahrung in der Rechtswissenschaft des 19. Jahrhunderts, 1968, Zwei methodische Schriften, 18

[35] So auch *Joseph Raz* (Fn. 27), 83: Der englische Rechtsphilosoph kritisiert übrigens diese Sichtweise des Positivismus mit einem Argument, welches der These Benedikts des XVI. entspricht: „ ... this argument is clearly fallacious. The study of law must be adjusted to its object. If its object cannot studied 'scientifically' then its study should not strive to be scientific. One can learn from the nature of an object how it should be investigated but one cannot postulate that the object has a certain character because one wishes to study it in certain way".

net, so wird daran gewissermaßen eine über das zur Begründung des eigenen System Erforderliche hinausgehende Tendenz deutlich. Eine Überreaktion wird sichtbar, indem nicht die Absicherung des eigenen Standpunktes im Vordergrund steht und dieser nur verteidigt wird, sondern es wird die aktive Bekämpfung des naturrechtlichen Standpunktes richtet.[36] In der Tat fand die Frontstellung zwischen Positivismus und Naturrecht in der reinen Rechtslehre *Hans Kelsens* einen ihrer Höhepunkte, und es wird zunehmend einsichtiger, dass die Äußerung Benedikts XVI, einer der Hauptprotagonisten habe in dieser Frage seinen Standpunkt geändert, große Aufmerksamkeit auf sich zu ziehen und eine heftige Debatten auslösen musste. Wir werden darauf in Abschnitt IV. 2. nochmals eingehen.

II. Ergänzende Überlegungen

Wir bemerkten einleitend, dass die Diskussion um die Rede Benedikts XVI. das Verständnis der Sein/Sollens-Problematik vertiefen könne, was ihre Analyse auch losgelöst von dieser Rede interessant mache. Nun haftet allerdings der gesprochenen Rede stets etwas Holzschnittartiges an. Vielleicht liegt eine der Ursachen der Diskussion auch mit darin, dass auf dem Wege von *Waldsteins* eher filigranem Argument – wie wir unten noch sehen werden - zur Rede im Deutschen Bundestag gewissermaßen Subtilitätsverluste eingetreten sind. Jedenfalls fällt zunächst auf, dass die uns hier interessierenden Argumentationen aller Beteiligten sehr allgemein formuliert sind. An sich kann man die Sein/Sollens-Problematik nicht mit einem Ausdruck im Singular benennen. Sie ist vielschichtiger als die Frage, ob aus dem Sein ein Sollen folgen kann, erkennen lässt und umfasst eine Vielzahl von Einzelproblemen.

---

[36] Dass dies seit jeher so ist, bestätigen z.B. Ausführungen *Kelsens* in der Vorrede zur 1923 erschienenen zweiten Auflage seiner „Hauptprobleme der Staatsrechtslehre“ (Fn. 23), S. V. Es sei eines der wichtigen Ziele des Werkes bestehe darin, die reine Rechtslehre gegen die Naturrechtslehre zu sichern, „die – weil sie die ausschließlich und allein im positiven Recht gegebene Beziehungsgrundlage ignoriert – die Rechtstheorie aus dem Bereiche positiver Rechtssätze in den der ethisch-politischer Probleme zieht.“

Einen Eindruck hiervon gewinnt man durch den recht gründlichen Überblick, den *Ulrich Klug* als Beitrag zu den ‚Essays in Honor of Hans Kelsen'[37] beigesteuert hat. Er zeigt dort auf, dass die Problematik mindestens in zehn unterschiedlichen Fragestellungen auftaucht, deren jede ein spezifisches Problem für sich benennt. Es kann als logisches, aber z.B. auch als Problem der Ontologie formuliert werden. Teils wird es auch als methodologisches Problem verstanden, teils wird es dahingehend gefasst, ob es ein Wert ist, der aus einem Sein abgeleitet werden kann oder nicht[38]; jeweils ist eine spezielle Frage angesprochen. Neben die Sachprobleme tritt dasjenige, dass die Gelehrten sich auch hinsichtlich der Terminologie offensichtlich nicht verständigen konnten. Ob z.B. *Dreier*[39] mit seiner Kritik an *Waldstein,* es handele sich bei dessen Ausführungen um „Rechtsnaturalismus" den sog. naturalistischen Fehlschluss[40] meint, den der Verfassungsrechtler *Dreier* ebenfalls dem BVerfG in Bezug auf dessen Ausführungen zur Menschenwürde[41] macht[42] ist nicht ganz deutlich. – Wir versuchen, diese unterschiedlichen Dimensionen des Problems anhand zweier Beispiele zu illustrieren.

1. Die Bedeutung der Sein/Sollensfrage für Hume und Kant

Eine erste Formulierung des Sein/Sollensproblem wird man in *Humes* „Treatise of Human Nature" von 1739 sehen können. *Hume* legt dort dar, dass moralische Entscheidungen nicht aus der Vernunft hergeleitet werden können, denn diese richte sich auf die Erkenntnis von Wahrheit und Irrtum, letztere bestünden aber in der Übereinstimmung bzw Nichtübereinstimmung mit „dem wirklichen Dasein und den Tatsachen oder mit den Beziehungen der Vorstellungen". Was einer solchen Übereinstimmung nicht zugänglich sei, könne weder

---

[37] *Klug* (Fn. 19), 153 (155); *Klugs* Folgerungen ablehnend *Winkler* (Fn. 23), 263.

[38] *Radbruch,* Grundzüge der Rechtsphilosophie, Gesamtausgabe Bd. 2, 22

[39] *Dreier,* JZ 2011, 1151 (1152).

[40] Die sog. ‚naturalistic fallacy' im Sinne der Principia Ethica Moores, dazu *Augsberg,* Der „naturalistische Fehlschluss" als juristische Argumentationsfigur, ARSP 94 (2008), 461 (464).

[41] BVerfG, Urt. v. 25.2.1975, 1 BvF 1/74 u.a., BVerfGE 39, 1 (41); Urt. v. 28.5.1993, 2 BvF 2/90 u. 4,5/92, E 88, 203 (252).

[42] *Dreier* in *Dreier* (Hrsg.), GG. Grundgesetz, Kommentar, 2. Aufl., 2004, Bd. I, Art. 1 I GG, Rz. 66; anders wohl *Augsberg,* (Fn. 17), 470; dazu *Neumann* (Fn. 23), 69

wahr noch falsch und damit nicht Gegenstand eines Vernunfturteils sein. Unsere Handlungen und Affekte – die Adressaten von Sollensnormen – seien einer solchen Übereinstimmung nicht fähig[43]. (Ganz so eindeutig ist die Formulierung des Problems allerdings auch bei *Hume* nicht, im Gegenteil: In der Literatur wird die zitierte Stelle als eine von vielen Auslegungsvarianten zugänglich bezeichnet[44]). Da wir dies nur als Beispiel anführen, dürfen wir uns mit der Feststellung begnügen, dass es um die Trennung der Sphäre des Erkennens von derjenigen des Handelns geht, die eine Generation später auch *Kant* zur definitiven Trennung von Erkenntnistheorie und praktischer Vernunft führen würde. Für diesen war die notwendige Vorbedingung für die sittliche Autonomie der menschlichen Persönlichkeit die Aufgabe einer jeglichen materialen Ethik, und damit auch jeder, die sich aus einem teleologischen Charakter der Seinsordnung ergibt, und überhaupt jeder, deren Inhalte heteronom vorgegeben sind. Die Sein/Sollens-Problematik ist namentlich in ihrer ontologischen Facette damit deutlich angesprochen.

2. Der Sein/Sollensschluss als Schluss der (Aussagen-) Logik

Die Sein/Sollens-Problematik kann sich aber auch als Problem der Logik stellen; sie ist dann ein Problem der Aussagenlogik, ein solches des Schließens. Unter einem „Schluss“ im engeren Sinne verstehen wir das Denkverfahren, bei welchem aus Vordersätzen, aus Prämissen, Folgerungen gezogen werden. Die Lehre vom richtigen Schließen blickt, insoweit also ganz anders, als es bei der soeben angesprochenen ontologischen Fragestellung der Fall war, auf die Beziehungen zwischen einzelnen Sätzen. Auch im Zusammenhang mit rechtstheoretischen Überlegungen hat die Logik ihren Platz, wie bereits der Umstand indiziert, dass oft – wenn auch nicht ganz korrekt (und

[43] 1739, Buch III, Teil I, Abschn. 1; zitiert nach der deutschen Ausgabe der zweiten Auflage des Nachdrucks der Ausgabe 1906 von Theodor Lipps (Nachdruck 1978), 198; dazu *Höffe* (Fn. 21), S. 9 ff (der aber dort die Ausführungen Humes nur unvollständig zu würdigen scheint); *Kelsen,* Zum Begriff der Norm, in FS C. Nipperdey, Bd. I, 1965, 57, 61; ferner *Kondylis,* Die Aufklärung im Rahmen des neuzeitlichen Rationalismus, 1981, 495.

[44] Z.B. *Höffe* (Fn. 21), 9; *Beck,* ‚Was – Must Be' and ‚Is Ought' in Hume, Philosophical Studies 26 (1974), 219

auch Eleganz wird man dieser Terminologie nicht gerade bescheinigen wollen) - von einem ‚Justizsyllogismus' die Rede ist. Wir lassen das Thema des juristischen Syllogismus hier aber beiseite. Ganz allgemein kann man aber auch auf der Ebene der schlichten Aussagenlogik fragen, ob aus einem Sein ein Sollen folgen kann. Die Frage lautet jetzt, ob aus Seinsaussagen solche über das Sollen hergeleitet werden können, also mit der ‚Herleitung' von Sollen aus einem Sein eventuell etwas rein logisch-deduktives gemeint sein kann. Bisweilen wird dies bejaht[45]. Es gibt aber auch gewichtige Stimmen, die dies verneinen: Wertende Schlüsse setzen danach zwingend eine wertende Prämisse voraus[46]. *Klug* z.B. verneint diese Möglichkeit und verweist darauf, dass dies sowohl für die klassische Logik gelte wie auch dann, wenn man diese Schlüsse in die Ausdrucksweise der mathematischen Logik überführen würde[47]. *Kelsen* spricht bisweilen ebenfalls von einem „*logischen* Trugschluss"[48], es bestehe „ein formal-logisch unlösbarer Antagonismus zwischen Sollen und Sein"[49] und scheint demnach diesen logischen Aspekt des Problems zu meinen. Aber, und damit bewegen wir uns auf ein gewichtiges Teilergebnis zu, seine Sichtweise hat geschwankt. An anderer Stelle formuliert er: „Dass aber die Begriffe des Seins und Sollens in gegenseitiger logischer Ausschließlichkeit entwickelt werden, das ist kein logisches, das ist das metalogische Prinzip einer dualistischen Weltanschauung"[50]. Sein Standpunkt in dieser Frage, wird man als noch nicht geklärt betrachten müssen[51]. Somit ist es ein etwas unübersichtliches Terrain, auf das sich die Protagonisten unseres Streits begeben haben.

---

[45] Diese Frage erörtern z.B. *Hoerster* (Fn. 22), 12; vgl. auch *Höffe* (Fn. 21), 14; *Radbruch*, Grundzüge der Rechtsphilosophie (Fn. 23), 230

[46] Vgl. zum Ganzen *Augsberg* (Fn. 17), 464; *Radbruch,* Rechtsphilosophie (3. Aufl. 1932), Gesamtausgabe, Bd. 2, 6 ff

[47] *Klug* (Fn. 21), 156

[48] Zum Begriff der Norm, FS C, Nipperdey, 1965, Bd. I, 57 (58, 61)

[49] Hauptprobleme (Fn. 25), 8; ähnlich *ders.,* Die Rechtswissenschaft als Norm- oder als Kulturwissenschaft, WRthS, 1968, Bd. 1, 37ff

[50] *Kelsen,* Über Staatsunrecht, in: WRthS, Bd. 2, 1968, 957 (958f)

[51] *Winkler* (Fn. 23), 261f

Zwischenergebnis:

Es wird deutlich geworden sein, dass sich hinter der sog. Sein/Sollens-Problematik Vielerlei und gänzlich Unterschiedliches verbirgt - erkenntnistheoretische, ontologische oder aussagenlogische Fragen und weiter. Die Komplexität des Ganzen nimmt nun aber noch dadurch zu, dass die Diskutanten auf Aussagen *Kelsens* hierzu Bezug nehmen (und ihn für unterschiedliche Standpunkte in Anspruch nehmen). Mit den philosophischen Sachfragen verbinden sich auf diese Weise solche der *Kelsen*-Interpretation (um nicht zu sagen: der *Kelsen*-Philologie). Die Komplexität des Themas erhöht sich schließlich weiter, wenn wir den Umstand hinzunehmen, dass dieser möglicherweise seine Auffassungen geändert hat. Im folgenden Abschnitt III. soll diese letztere Dimension etwas näher skizziert werden.

Zunächst aber noch eine weitere Zwischenbemerkung, die den Faden des zweiten Gedankengangs, der neben das Sachproblem tritt, festhalten soll: Wie ist die Aussage Benedikts XVI. zu verstehen, d.h. in den Gedankengang seiner Rede einzufügen? Die Äußerung *Benedikts XVI.* ist klar: Er spricht deutlich aus, dass das Dogma, aus einem Sein könne kein Sollen hergeleitet werden, aufgebrochen werden müsse. Ihm geht es um das objektive philosophische Problem (und zwar um das ontologische). Der Hinweis auf *Kelsen* ist – wir haben es oben ausgeführt – für ihn eine Nebenbemerkung, die seinen Gedankengang nicht trägt, sondern sogar entbehrlich sein würde, die allerdings gewissermaßen den Keim der Doppeldeutigkeit in sich trägt.

Die Äußerungen *Dreiers* und *Waldsteins* hingegen spiegeln diesen doppelten Aspekt wider. Wir werden sehen, dass *Dreier* hinsichtlich dessen Kelsen-Interpretation wohl den Vorwurf erhebt, er unterstelle diesem einen erkenntnistheoretischen Naturalismus, während *Waldstein* seinen Standpunkt, wie wir noch sehen werden (IV.1.) durch einen aussagenlogischen Gesichtspunkt zusätzlich stützt.

III. Kelsens Positionen zum Sein/Sollen-Problem

In Einzelheiten zwar kontrovers[52], im Ergebnis aber wohl unstrittig sind im Denken *Kelsens* einzelne Perioden abgrenzbar[53], die dadurch bestimmt sind, dass er sein System auf dem Hintergrund unterschiedlicher philosophischer Positionen formuliert und weiterentwickelt hat. Wie die *Kelsen*-Spezialisten herausgearbeitet haben, haben seine Anschauungen zu bestimmten Fragen geschwankt; allerdings scheint es sich dabei, worauf *Dreier* im hier interessierenden Zusammenhang hinweist, um Nunancierungen bei Einzelfragen zu handeln[54]. Von daher betrachtet ist *Waldsteins* Annahme einer Wende im Denken *Kelsens,* die Eingang in die Ausführungen Benedikts gefunden hat, als solche keineswegs von vornherein unplausibel, im Gegenteil: sie ist wahrscheinlich.

1. Ausgangspunkt und sog. ‚mittlere Phase'

Eine erste Phase im Denken *Kelsens* ist in unserem Kontext ohne besondere Bedeutung[55]. Die Spezialisten sind sich darüber einig, dass nach ihr eine erste Zäsur irgendwo zwischen den Jahren 1916 und 1922 anzusetzen ist. Einen bequemen Beleg hierfür stellt die Vorrede zur 1923 erschienenen zweiten Auflage seiner „Hauptprobleme der Staatsrechtslehre" dar. Hier erwähnt er wohl erstmals eine Befassung mit dem Neukantianismus, indem er auf die „Kant-Interpretation *Windelbands* und *Simmels*" und auf *Cohen* verweist[56], in der Gestalt

---

[52] Wir sind hier auf die Ergebnisse der Untersuchungen dieser Spezialisten angewiesen, weil *Kelsen* sich hier expressis verbis nicht erklärt hat. Auch scheinen die Motivationen für eine Änderung der Anschauungen nicht stets und ohne weiteres erkennbar zu sein. Selbst die Bestimmung des genauern Zeitpunkts oder jedenfalls des ungefähren Zeitraums, ist problematisch und wird dadurch erschwert, dass teilweise Werke unveränderte Neuauflagen erfuhren oder Übersetzungen, so dass wohl nicht klar ist, ob diese noch Kelsens Standpunkt wiedergeben.

[53] *Heidemann* (Fn. 11), 352; *Wilson,* Is Kelsen really a Kantian ?, in *Tur/Twinning* (Edts.), Essays on Kelsen, Oxford 1986, 37 ff (49); *Paulson,* Kelsen's Radical Reconstruction of the Legal Norm, in FS Rottleuthner, 2011, 101ff

[54] *Dreier,* JZ 2011, 1151 (1152).

[55] Kurze Bemerkungen hierzu finden sich bei *Stanley L. Paulson* (Fn. 31), 631 ff

[56] Hauptprobleme (Fn. 25), Vorrede, S. VI und XVII.

Hermann Cohens also auf die sog. Marburger Schule und in Gestalt des Verweises auf *Windelband* und *Simmel* auf die sog. Südwestdeutsche Schule. Im Einzelnen sind die Beeinflussungen streitig[57].

Der Blickwinkel, unter dem *Kelsen* das Sein/Sollens-Problem betrachtet hat, müsste sich dementsprechend im Laufe der Entwicklung seines Denkens gewandelt haben. In einem im Jahre 1963 verfassten Aufsatz ist ausgeführt, es bestehe *„zwischen der Wahrheit einer Aussage und der Geltung einer Norm keinerlei Parallele oder Analogie"*; er *„betone dies im bewussten Gegensatz zu einer allgemein akzeptierten und auch von mir lange Zeit vertretenen Ansicht."* Und weiter: *„Dieser Gegensatz ist durch unser rationales, den Prinzipien der Logik entsprechendes Denken als ein unaufhebbarer Dualismus gegeben; so zwar, dass das Sollen nicht auf ein Sein, das Sein nicht auf ein Sollen deduziert, das eine nicht aus dem anderen abgeleitet werden kann."*[58] Damit hatte sich *Kelsen* nun aber von einem früher eingenommenen Standpunkt ausdrücklich abgesetzt. In der ersten Auflage der „Hauptprobleme der Staatsrechtslehre" von 1911 hatte er zwar ebenfalls ausgeführt, dass *„das Wesen des Sollens darin bestehe, das es sich das Sein unterwirft"* (dies bereits eine Formulierung, die ein Neukantianer schwerlich gewählt haben würde !); deshalb scheine *„es unmöglich, den Gegensatz zwischen beiden zu überbrücken und das Sollen aus dem Sein ... abzuleiten oder zu begründen,"*[59] – insoweit scheint es sich für ihn aber wohl doch um einen Widerspruch logischer Art zu handeln, aber es scheint nur so: Charakteristisch für die Entwicklung seines Denkens in dieser Phase ist nämlich die Herleitung seiner These und deren damit zusammenhängende Relativierung. Seine Argumentation ging nämlich von einer juristisch-soziologischen Betrachtung des Sittengesetzes aus: Sitte (und auch

---

[57] *Heidemann,* Noch einmal: Stanley L. Paulson und Kelsens normtheoretischer Normbegriff, ARSP 93 (2007), 345 (347); *ders.*, Geltung und Sollen: Einige (neu-)kantische Elemente der Reinen Rechtslehre Hans Kelsens, NRPhil., 203 (204, Fn. 8); Südwestdeutsche Schule: *Stanley L. Paulson,* Kelsen and the Marburg School: Reconstructive and Historical Perspectives, in: Festschrift für Robert S. Summers, Berlin 1994, 481; *ders.*, Faktum/Wert-Distinktion: Zwei-Welten-Lehre und immanenter Sinn, Hans Kelsen als Neukantianer, in NRPhil, 223 (241 ff); *Pohlmann* nennt den Philosophen *Windelband* und den Soziologen *Simmel,* Rechtstheorie, Beiheft 1985, 81 (91).

[58] So *Kelsen,* Die Grundlagen der Naturrechtslehre, in WRS, Bd. I, 869 (871); ebenso *ders.,* in FS Nipperdey, 1965, 57 (58).

[59] Hauptprobleme (Fn. 24), 19

Gewohnheit – als Konstituens des Gewohnheitsrechts) entnähmen ihren Inhalt sozialen Prozessen. Beim Gewohnheitsrecht sei es die langjährige Übung, so dass „rechtliches Sollen und rechtliches Sein materiell übereinstimmten".[60] Und auch die Sitte sei dadurch gekennzeichnet, dass ihr „ein tatsächliches normgemäßes Verhalten als Regel zugrunde liegt." Daraus folge, dass, „*wenn auch die hier ... geforderte formelle Unterscheidung zwischen der Regel des tatsächlichen Geschehens und der ein entsprechendes Sollen statuierenden Norm ... möglich ist, sie doch für den letzteren an Bedeutung verliert.*"[61] *Kelsen* konstatiert sodann das Vordringen der Gesetzgebung und den damit einhergehenden, zunehmenden Bedeutungsverlust des Gewohnheitsrechts. Der Inhalt rechtlichen Sollens bestimme sich „*jetzt ohne Rücksicht auf die tatsächliche Übung der Gesellschaft, ... das rechtliche Sollen ist jetzt in jeder Beziehung auch unabhängig vom Sein.*" Deshalb, so folgert er, könne der formale Gegensatz zwischen rechtlichem Sollen und Sein nicht mehr übersehen werden, zumal „keinerlei, auch keine generelle inhaltliche Identität mehr besteht."[62]

Der Unterschied zwischen den beiden Aussagen ist deutlich, sieht man nur genau genug hin. Das Ergebnis – Trennung von Sein und Sollen – ist zwar dasselbe. In der Begründung besteht zwischen der Auffassung des Jahres 1911 und derjenigen des Jahres 1922 aber ein kategorialer Unterschied: Im Jahre 1911 ergibt sich sein Standpunkt aus der Beobachtung eines Wandels des rechtlichen Umfelds – Vordringen und zunehmende Dominanz des Gesetzesrechts – und damit letztlich aus einer historischen Entwicklung d.h. aber aus empirisch beobachteten[63] Tatsachen. Im Prinzip sah er dementsprechend damals das Hervorgehen eines Sollens aus dem Sein als möglich an, nicht anders als seine damaligen philosophischen Gewährsmänner, z.B. der bereits erwähnte ‚Marburger' *Hermann Cohen*[64]. Theoretisch kann sich diese Entwicklung sogar wieder umkehren. Erst im Jahre

[60] Hauptprobleme (Fn. 24), 34
[61] Hauptprobleme (Fn. 24), 30
[62] Diese Sichtweise entspricht derjenigen *Natorps* (Die Philosophie, ihr Problem und ihre Probleme, 1911, 32ff), eines Vertreters der Marburger Schule, der Sollen und Sein zwar trennt, aber einen methodischen Zusammenhang sieht.
[63] und, rechtsgeschichtlich gesehen, zutreffend beobachteten Tatsachen
[64] Dazu *Peter A. Schmid,* Der Übergang von theoretischer zu praktischer Philosophie bei Natorp, in NRPhil, 483 (494ff)

1922 war diese Frage dann für ihn zu einem Problem der reinen Logik geworden, ersichtlich eine Resultante seiner Befassung mit *Kant* bzw den Neukantianern. Wie in den bereits zitierten Hauptproblemen der Staatsrechtslehre ausgeführt[65], bedeute der Schluss von einem Sein auf ein Sollen einen „fundamentale(n) *logische(n)* Fehler“ (Hervorhebung HH). Der Unterschied zwischen einer solchen logischen Unmöglichkeit und einer auf tatsächlichen Gründen beruhenden Unterscheidung der beiden Sphären ist deutlich: hier die geschichtliche Entwicklung, dort eine formale, logische Unmöglichkeit. *Kelsens* Hinwendung zum Neukantianismus macht die Sein/Sollens-Problematik also von einer praktischen, mit den realen Gegebenheiten der Entstehung des Rechts zusammenhängenden zu einer logischen und, wie sich vermuten lässt, zu einer erkenntnistheoretischen.

Wir sehen also, dass das Sein/Sollens-Problem nicht nur eine erhebliche Bandbreite von Sachproblemen umschließt und dass es sich nicht etwa nur in der Zeit entfaltet oder in unterschiedlichen Lehrmeinungen zum Ausdruck kommt, sondern dass sich auch der Standpunkt *Kelsens* hierzu gewandelt hat. Als weiteres Teilergebnis können wir deshalb festhalten, dass es eine Überakzentuierung der Kontinuitäten in *Kelsens* Denken bedeutet, wenn *Dreier* der Aussage *Waldsteins* entgegenhält[66], dieser habe an seinem Standpunkt „stets festgehalten“. Richtiger erscheint, jedenfalls in Bezug auf unser Problem, die geradezu gegenteilige Feststellung: *Kelsen* hat die Begründung für sein Urteil in der Frage des Sein/Sollens-Problematik komplett ausgetauscht.

2. Die neukantianische Phase im Werk Kelsens

Der Grundzug des Neukantianismus bestand darin, dass seine Vertreter die erkenntniskritischen Fragestellungen, die *Kant* für den Bereich der Naturwissenschaften formuliert hatte, generell auf den Bereich derjenigen Wissenschaften ausgedehnt hat, die man als Kultur- oder Geisteswissenschaften zu bezeichnen pflegt. Darauf, dass man auch das Recht als Kulturphänomen fassen kann, beruht seine Bedeu-

---

[65] Vgl. Fn. 49.

[66] *Dreier,* JZ 2011, 1151 (1152).

tung auch für die Rechtsphilosophie. Erkenntnistheoretisch führt er zu einem über denjenigen *Kants* hinausgehenden Standpunkt. Diese radikalere Ausprägung in seiner Fassung namentlich durch die Marburger Schule besteht darin, dass das – bekanntlich von diesem bereits für nicht erkennbar angesehene - ‚Ding an sich' gänzlich eliminiert wird und der Gegenstand der Erkenntnis als im Erkenntnisvorgang erzeugt verstanden wird. Erkennen bedeutet somit für den Neukantianismus nicht eine Widerspiegelung oder Abbildung von vorgegebenen Gegenständen, sondern ist „gegenstandskonstitutiv"[67]. Dem folgend spricht *Kelsen* für die Rechtswissenschaft vom „'constitutive' character of legal science"[68].

Der Erkenntnisakt ist damit in das Bewusstsein verlagert. Dem Postulat des Positivismus, wonach in seinem System kein Raum für metaphysische Vorstellungen ist, genügt das denn auch, weil psychische Vorgänge beobachtbare Tatsachen sind. Die Rechtserkenntnis in der Gestalt von Urteilen über den Inhalt von Sollenssätzen ist mithin ein sich in unserem Bewusstsein abspielender Vorgang[69]. Die Betrachtung dieser Tätigkeit im Bewusstsein des Subjekts macht Folgendes deutlich: Die Beziehungen zwischen Subjekt und Prädikat in Sollenssätzen (der normativen Wissenschaften, insbesondere der Rechtswissenschaft) sind andere als diejenigen von Aussagesätzen (der Seinswissenschaften), und *Kelsen* hat dies anhand der Gegenüberstellung von Sätzen der Naturwissenschaften und Sollenssätzen vielfach erläutert[70]. Im ersteren Fall handelt es sich um Kausalbeziehungen, im letzteren um solche, die er als Zurechnung bezeichnet. Die bei den Letzteren im Vordersatz enthaltenen Sachaussagen sind hypothetische Sätze, die bei Vorliegen der in ihnen beschriebenen Voraussetzungen („Wer einen anderen an dessen Eigentum schädigt, der ...."), den im Nachsatz enthaltenen Rechtsbefehl auslösen („ ... hat Ersatz des hierdurch verursachten Schadens zu leisten."). Ohne dies einzelnen hier ausführen zu müssen ist deutlich, dass Urteile/Aussagen, deren Gegenstand das Sein ist, einer anderen Kategorie zugehören,

---

[67] *Alexy*, Hans Kelsens Begriff des relativen Apriori, in: NRPhil, 179 (195); *Heidemann* ARSP 93 (Fn. 12), 349.

[68] RR (Fn. 10), 16

[69] *Heidemann*, ARSP 93 (Fn. 12), 352; *ders.*, NKRPhil (Fn. 12), 213.

[70] RR (Fn. 10), 75; *Kelsen*, Über Grenzen zwischen juristischer und soziologischer Methode, WRthS, 3 ff (6)

als diejenigen, denen Sollenssätze zuzuordnen sind. Betrachten wir diesen Befund, wie es der Sichtweise der reinen Rechtslehre entspricht, unter dem Blickwinkel der kantischen Erkenntnistheorie[71], so ergibt sich: Den einzelnen Arten von Urteilen (und damit u.a. den Sollenssätzen und den Aussagesätzen) entsprechen unterschiedliche Kategorien des Verstandes; Seinssätze und Sollenssätze fallen jeweils in eine andere Kategorie[72]. Deshalb ist die Trennung zwischen von Sein und Sollen auf der Grundlage dieser Erkenntnistheorie fundamental und logisch zwingend.

– Im Kern ist dies die in der Literatur wohl dominierende Interpretation des Standpunktes *Kelsens,* den auch *Dreier* gegen *Waldstein* ins Feld führt. Es ist aber auch z.B. die These vertreten worden, dass *Kelsen* die Gegenüberstellung von Sein und Sollen lediglich vornimmt, um die wissenschaftstheoretische Unterscheidung zwischen Kausalität und Zurechnung zu verdeutlichen[73]. Wenn wir die Verfasserin recht verstehen, würde das bedeuten, dass für ihn ein solcher grundlegender, im wörtlichen Sinne kategorialer Unterschied nicht besteht. Hierzu Stellung nehmen können wir nicht, wohl aber für unsere späteren Überlegungen festhalten, dass unterschiedliche Interpretationen selbst in diesem Punkte denkbar sind.

3. Eine Wende Kelsens *zurück zum erkenntnistheoretischen Realismus ?*

Manche der Autoren, die sich intensiv mit der Lehre *Kelsens* und vor allem mit deren Entwicklung befasst haben, sehen im Anschluss an diese Periode eine weitere, die durch eine Abwendung von neukantianischen Positionen und eine Hinwendung zu einem erkenntnistheoretischen Realismus gekennzeichnet ist[74]; die genauere zeitliche Einordnung ist streitig. Von *Kelsen* selbst scheint es diesbezügliche explizite Aussagen nicht zu geben, im Gegenteil: Bisweilen hat er auf die

[71] *Alexy,* (Fn. 67), 185.
[72] Vgl. auch Reine Rechtslehre, 1. Auflage, 21
[73] *Pohlmann,* Rechtstheorie 1985, Beiheft 5, 83 (91).
[74] *Heidemann,* ARSP 93 (Fn. 12), 352; *ders.,* (Fn. 12), NKPhil, 219; *Wilson,* Is Kelsen really a Kantian ?, in *Tur/Twinning* (Edts.), Essays on Kelsen, Oxford 1986, 37 (49); *Stanley L. Paulson* (Fn. 53), 101 (104).

Kontinuität seiner Lehre hingewiesen[75]. Die 1960 in Wien erschienene zweite Auflage der ‚Reine Rechtslehre', die den Wechsel reflektieren müsste, enthält Formulierungen, die den Grundpositionen der neukantianischen Periode noch voraussetzen. Z.B. spricht er in ihrer englischen Fassung erneut vom „constitutive character of legal science"[76], setzt also noch den ihr Objekt konstituierenden Charakter der Erkenntnis voraus und scheint somit nicht auf dem Boden einer realistischen Erkenntnistheorie zu stehen. Unter anderen Aspekten könnte die zweite Auflage der ‚Reinen Rechtslehre' hingegen einer neuen Phase zuzuordnen zu sein[77]. Auch die Gründe für einen solchen eventuellen Wandel sind im Bereich des Hypothetischen geblieben[78]. Z.B. weist eine der in der Literatur angebotenen Erklärungen den Umstand hin, dass *Kelsen* 1933 aus Deutschland emigrieren musste, später in den USA lehrte und dass die angelsächsische Rechtswissenschaft für neukantianische Lehren nicht empfänglich schien - bei Lichte besehen ein recht überraschendes Argument, denn in einer Rechtstheorie, die man dieser These zufolge mit Rückgriff auf den Neukantianismus, aber auch ohne diesen gleichermaßen überzeugend darstellen können müsste, kann der Zusammenhang zwischen ihr und eben dieser Philosophie kein sonderlich intensiver, geschweige denn zwingender sein; allenfalls wäre es dann ein inspirierender, heuristischer, aber eben kein substantieller oder gar ein logischer, wenn man aggressiver formulieren wollte: ein ornamentaler.

Wie immer dem auch sei: In unserem Zusammenhang stellt sich die Frage, welche Konsequenz eine solche (tatsächliche oder vorerst einmal unterstellte) Wende für die Sein/Sollens-Problematik haben würde. Zu einfach wäre es wohl, würde man in einer solchen Wende einfach ein Zurücksetzen des ganzen Gedankengebäudes in die Zeit vor Kant sehen wollen. Auf die erkenntnistheoretische Perspektive beschränkt lässt sich sagen: Die Aufgabe des erkenntnistheoretischen Standpunkts der Neukantianer bedeutet die Aufgabe der Lehre von der den Erkenntnisgegenstand konstituierenden Wissenschaft. Mit der klassischen Lehre bedeuten ihre Aussagen und Urteile demgegenüber, recht pauschalierend formuliert, die deskriptive Reproduk-

[75] *Heidemann,* ARSP 93 (Fn. 12), 353.
[76] RR (Fn. 10), 72
[77] *Stanley L. Paulson* (Fn. 51), 104.
[78] *Heidemann,* ARSP (Fn. 12), 353.

tion der Objekte der Erkenntnis. Wenn *Kelsen* dementsprechend bislang vom „constitutive character" der Rechtswissenschaft[79] gesprochen hatte, nun aber wieder, worauf *Waldstein* abhebt, von der „Existenz" der Norm spricht, von ihrer „spezifischen, ideellen Existenz" und davon, dass die Aussage „sie ‚gilt'" bedeute, „dass sie vorhanden ist" [80], dann liegt die Deutung dessen als Rückkehr zu einer klassischen Erkenntnistheorie und einer realistischen Ontologie sehr nahe[81]. Solange Sein uns Sollen im (neukantianischen) Bewusstsein zwei unterschiedlichen Kategorien angehören, ist die Trennung wohl eine logisch zwingende. Mit der Aufgabe dieser Position entfällt dieser kategoriale Unterschied. Die als unüberbrückbar betrachtete Unterscheidung zwischen Sein und Sollen weist nicht mehr den kategorialen Unterschied auf, der sich einfach daraus ergab, dass es sich bei den Seinssaussagen und den Sollenssätzen um zwei unterschiedliche Arten von Urteilen handelte.

Hierdurch ist zwar nicht ohne weiteres der ontologische Status der Rechtsnormen im positiven Sinne geklärt - wir werden diese Frage sogleich noch kurz berühren. *Heidemann* kommentiert diese Wende im Denken *Kelsens* dahingehend, dass unter diesen Voraussetzungen das Verhältnis von Sein und Sollen sich jedenfalls auf einen „intuitiven" Gegensatz reduziere[82]. Auch die oben erwähnte These[83] von der lediglich wissenschaftstheoretischen (und eben nicht kategorialen) Bedeutung dieser Unterscheidung würde sich in diesem Verständniskontext ohne weiteres einfügen. Jedenfalls wird aber deutlich, dass, in welche Kategorie das Sollen auch immer fällt, sie nicht mehr nur als reine Form der Erkenntnis aufgefasst werden kann, wie es von der neukantianischen Position aus gesehen zwingend war, und dass der

---

[79] RR (Fn. 10), 72: „The science of law as cognition of the law...like any cognition has constitutive character - it 'creates' its object ...".

[80] Recht und Logik, WRthS II 1469 (1472); es handelt sich um die Abhandlung aus dem Jahre 1965, auf die auch *Waldstein* (Fn. 11) sich stützt.

[81] Dafür könnten auch Formulierungen sprechen, die *Kelsen* in dem bereits zitierten Aufsatz „Die Grundlagen der Naturrechtslehre" von 1963 (WRthS I 869 (871)) benutzte, wo es heißt: „Unsere Aussagen über die Wirklichkeit sind wahr, wenn sie ihr (d.h. der Wirklichkeit entsprechen. ... Sie sind, wenn sie wahr sind, objektiv wahr."

[82] *Heidemann,* ARSP 93 (Fn. 12), 353

[83] Bei Fn. 73

damit notwendig verbundene logische Gegensatz zwischen beiden Kategorien entfällt.

IV. Eine neue Sicht auf das Sein/Sollens-Problem ?, und zwei andere Schlussfolgerungen

1. Zum Inhalt von Waldsteins These

Kehren wir auf diesem Hintergrund zu der Aussage *Benedikts XVI.* und damit zugleich zu *Waldsteins* Grundannahme zurück, so muss eine definitive Stellungnahme deren zweifachen Gehalt berücksichtigen. Wir hatten oben bereits die doppelbödige Diskussionslage herausgearbeitet und festgestellt, dass es sich zum einen um eine Aussage handelte, die einen Umstand aus der Biographie *Kelsens* betraf (Abschn. I. 2); und andererseits (Abschn. I. 3) haben wir die rechtsphilosophische Bedeutung der Aussage und ihre Implikationen dargestellt. Es empfiehlt sich auch hier, diese beiden Elemente der These getrennt zu behandeln. Auch die Kritik *Dreiers* verfährt so, indem einerseits der biographische Umstand, *Kelsens* ‚Konversion', in Abrede gestellt wird, und indem er andererseits *Waldsteins* rechtphilosophische Aussage als „kruden Rechtnaturalismus" bezeichnet.

a) Die rechtsphilosophische These *Waldsteins*

Wir hatten oben in Abschn. II darauf hingewiesen, dass das, was recht großflächig als das Sein/Sollens-Problem bezeichnet zu werden pflegt, eine Vielzahl von Detailfragen umschließt. Zwei Punkte, die uns jedenfalls hier für unser Thema als zentral erschienen, hatten wir sodann herausgegriffen.

11) Der erkenntnistheoretisch-ontologische Aspekt

Hinsichtlich des – des ontologischen und erkenntnistheoretischen Aspekts – können wir an das soeben Referierte anschließen: Die Annahme einer Wende *Kelsens* zu einem erkenntnistheoretischen Realismus ist nicht von der Hand zu weisen. *Dreier* macht zwar gegen *Waldstein* geltend, Normen existierten für diesen „anscheinend in prinzipiell gleicher Weise wie Dinge der äußeren Natur."[84] *Waldstein* hat dies indessen keineswegs gesagt, und er konnte auch nicht in diesem Sinne verstanden werden. Man könnte seine Aussage unter diesem Aspekt deshalb lediglich dann angreifen, wenn sein Standpunkt eine solche Annahme implizit, aber notwendigerweise voraussetzen würde. Nun ist der ontologische Status von Rechtsnormen und des Rechts in der Tat ein vielschichtiges Problem[85]. Zur Welt des Physischen rechnet es nicht. (Auch der Positivismus der reinen Rechtslehre sieht dies übrigens nicht so: Ebenso deutlich, wie dieser sich gegen das „metaphysische" Naturrecht wendet, wendet er sich gegen eine Reduktion des Rechts auf empirische Phänomen[86], wie es soziologische Rechtstheorien tun. Auch hieran wird wiederum deutlich, was die reine Rechtslehre unter dem Epitheton „rein" versteht: Sie stellt zwar nicht in Abrede, dass das Recht eine physische Komponente hat, indessen ist diese nicht Gegenstand der juristischen Betrachtung.) Ebensowenig handelt es sich für *Waldstein* um ein rein psychisches Phänomen, und Gleiches gilt für den Positivismus. Letzterer, jedenfalls in Gestalt der reinen Rechtslehre, wird teilweise dahingehend gedeutet, dass die Rechtsnormen einer Welt des idealen Seins zugehören[87], die neben der physischen Welt und der der rein psychischen Phänomene steht; es scheint hier das Thema des Universalienstreits auf. In Betracht kommt aber die Annahme, dass Rechtsnormen einer besonderen Seinsschicht angehören. Sie wurde und wird auch sonst vertreten[88]. Auch die Rechtsprechung des Bundesverfassungsgerichts, soweit sie das Grundgesetz Ausdruck einer objektiven Wertordnung versteht, hat man als Bezugnahme auf *Schelers* bzw *Nicolai Hartmanns* Wertlehre verstehen wollen[89]. Das macht deutlich, dass *Waldstein* keineswegs von seinem Standpunkt aus annehmen muss, dass Normen „in prinzipiell gleicher Weise wie Dinge der äußeren Natur" existieren. Da also die Auffassung *Waldsteins* die ihm von *Dreier* vorgehaltene „naturalistische" Sichtweise weder inzident voraus-

[84] *Dreier* (Fn. 6), 1152

[85] Zu dieser Frage *Alexy* (Fn. 67), 179 (195)

[86] RR, 85

[87] *Alexy* (Fn. 67), 179 (182); *Stanley L. Paulson* (Fn. 23), 223 ff.

[88] Knappe Bemerkungen hierzu bei *F. Bydlinski,* Juristische Methodenlehre und Rechtsbegriff, 1982, S. 44ff.

[89] *Sprenger,* Recht und Werte, Staat 39 (2000), 1 (9); *Weischedel,* Recht und Ethik, 1956, S. 26 ff

setzen muss noch von diesem vertreten wurde, geht dessen Kritik fehl.

22) Der logische Aspekt

Bei der Frage, ob aus einer Hinwendung zu einem erkenntnistheoretischen Realismus folgt, dass der Sein/Sollens-Gegensatz aufgegeben werden muss oder ob sie ihm gegenüber indifferent ist, hatten wir festgestellt, dass das Problem auch als ein solches der Aussagenlogik gefasst werden kann. Es geht dann um die Frage, ob aus einem Satz, der eine Aussage über Seiendes enthält, ein Sollenssatz folgen kann. Hier dürfte sich das notwendigerweise Holzschnittartige einer Rede und das, was wir oben als ‚Subtilitätsverluste' auf dem Transportweg vom niedergeschriebenen Gedanken zum Redemanuskript bezeichnet haben, bemerkbar machen. Zur Frage der Möglichkeit, aus Seinssätzen Sollenssätze herzuleiten, macht *Waldstein* nämlich eine sehr präzise Aussage, die die Kritik offenbar übersieht, sei es in der Hitze des Gefechts, sei es geflissentlich. *Waldstein* interpretiert ja die oben zitierten Passagen *Kelsens* in dem Sinne, dass dieser den Rechtsnormen „ein Sein mit normativem Gehalt" zuerkenne. Dadurch, so *Waldstein*, räume dieser ein, dass aus einem solchen „Sein mit normativem Gehalt ... ein Sollen folgen" könne. Damit ist die Möglichkeit angesprochen, die wenig mit dem sog. naturalistischen Fehlschluss und mit einem von *Dreier* gegen *Waldstein* ins Feld geführten „juristischen Naturalismus" gar nichts zu tun hat, nämlich die Möglichkeit, dass Folgerungen aus Vordersätzen gezogen, die teils Sollenssätze und teils Seinsaussagen sind[90]. Die Möglichkeit solcher gemischten Sätze ist umstritten und wird diskutiert, wird auch von einigen Autoren (und auch von *Kelsen*[91]) abgelehnt und von einigen bejaht[92] [93]. Das

[90] Für das römische Recht so *Kaser*, Ius gentium, 1993, 121; *Waldstein*, Ius naturale im nachklassischen römischen Recht und bei Justinian, in Zeitschrift der Savigny-Stiftung für Rechtsgeschichte 111 (1994), Romanistische Abteilung, S. 1 (10, 47).

[91] WRthS (Fn. 16), 1472

[92] *Augsberg*, ARSP 94 (2008), 461 (471); *Hoerster* (Fn. 22), 15; *Searles*, How to Derive 'Ought' from 'Is', Philosophical Review 73 (1964), 43; *Höffe* (Fn. 21), 19.

[93] Sie wird mit unterschiedlichen Gründen bejaht (vgl. *Höffe* (Fn. 21); *Augsberg*, (Fn. 98), 461 (471), die die Fragestellung aussagenlogisch analysieren; und neuerdings *Neumann*, in FS Rottleuthner, 2011, 62, der auf die klassische Lehre von den Enthymemen zurückgreift. Diese Argumentationsstränge sprechen Details

ändert nichts an dem Befund, dass *Waldsteins* Kelsen-Interpretation auch nach dieser Richtung hin schlüssig und mit dem derzeitigen Stand der Diskussion kompatibel ist und der Argumentation durch Sachargumente zugänglich sein sollte, wie es zuletzt im Jahre 2011 denn auch ganz unaufgeregt (und mit diese Möglichkeit bejahendem Ergebnis) durch *Ulfried Neumann*[94] geschehen ist. Diese Beobachtung leitet zu dem eingangs erwähnten zeitgeschichtlichen Interesse über, Abschn. IV.2.

b) Zwei weitere Teilergebnisse: Die Kritik ist nicht plausibel

Daneben ergeben unsere Beobachtungen gewissermaßen zwei Nebenprodukte: Die Feststellung *Dreiers*[95], *Kelsen* habe an der kategorialen Trennung zwischen Sein und Sollen stets festgehalten, trifft in dieser apodiktischen Form wohl nicht zu. Dessen Position ist in dieser Frage nicht so unwandelbar, wie *Dreier* geltend macht, obschon er selbst auch auf solche Korrekturen, die *Kelsen* an seinem Lehrgebäude vorgenommen hat, hingewiesen hat. *Dreier* hat aber wohl unbeachtet gelassen, dass dieser das gerade hier interessierende Sein/Sollens-Problem zu verschiedenen Zeit verschieden gewürdigt, vor allem aber, wie in Abschn. III.1., seine These der Trennung von Sein und Sollen im Verlaufe der Entwicklung seiner Lehre unterschiedlich begründet hat. Auch dies bedeutet dann aber auch, dass *Waldsteins* These von einer Wende in seiner Lehre nicht a priori unplausibel ist.

c) Die biographische Annahme Waldsteins

Die Stellungnahme des Verfassers zu dieser Frage gehörte an sich in einen Exkurs, weil diese Abhandlung nur erläutern und Hintergrundinformationen juristischer bzw. rechtsphilosophischer Art vermitteln wollte. Aber wir sprachen eingangs bereits von einer doppelbödigen Diskussionslage, weil neben die originär rechtsphilosophische Frage

---

an, die sowohl *Dreier* als auch *Waldstein* und deshalb auch wir außer Betracht lassen.

[94] Bedingungen der Validität des „naturalistischen ‚Fehl'-Schlusses", in FS Rottleuthner, 2011, 62 ff

[95] Oben Fn. 6; generell einschränkend zu dieser These *Winkler* (Fn. 22), 259

diejenige tritt, die die Biographie *Kelsens* betrifft und diese letztere die Diskussion befeuert hat; und unsere Überlegungen würden etwas fragmentarisch wirken, würden wir gerade diese Frage aussparen. Ihre Beantwortung hat davon auszugehen, dass wir anscheinend keine direkte Aussage *Kelsens* zu der interessierenden Frage haben. Auch *Waldstein* stützt sich wohl ausschließlich auf die von ihm genannten Texte[96]. Das biographische Faktum kann mithin nur mittelbar erschlossen werden. Hier bestehen Zweifel, ob für den Schluss, den er zieht, diese textliche Grundlage tragfähig genug ist.

Um einen solchen Text würdigen zu können, muss man sich seine Entstehungsbedingungen gegenwärtig halten. Sie sind bei *Kelsen* dadurch geprägt, dass seine Überlegungen – seiner selbst gestellten Aufgabe entsprechend - unterschiedlichen Rahmenbedingungen zugleich genügen mussten. Er hatte vor allem philosophische und juristische Terminologie in Übereinstimmung zu bringen und zu halten. In gewisser Weise bedeutet bereits dies die Bewältigung einer Quadratur des Kreises. Der Versuch hierzu führt entweder hinsichtlich der einen oder aber der anderen Disziplin zu Unschärfen, die wohl nur vermieden werden könnten, würde man sich nur auf einem Gebiet bewegen und könnte ausschließlich dessen terminologischen und definitorischen Anforderungen zu genügen suchen. Es tritt etwas recht Menschliches, gleichsam Banales hinzu: Auch der Leistungsfähigkeit eines Jahrhundertjuristen sind Grenzen gesetzt. Die Fachleute, die an große Würfe (legitimer Weise) die Sonde ihres Detailwissens zu legen pflegen, finden denn auch unfehlbar rasch Schwachstellen heraus. Hinsichtlich des Verhältnisses *Hans Kelsens* zu Kant bzw zum Neukantianismus konnte denn auch ohne weiteres festgestellt werden, dass die Rezeption nicht in allen Punkten eine zutreffende und vor allem keine systematisch konsequente war. Kant sei eklektisch rezipiert worden[97]. Ein weiterer Aspekt tritt hinzu. Er liegt darin, dass *Kelsen* seine Gedanken in der Zeit seiner Emigration in den Kontext amerikanischen Rechtsdenkens transformieren musste[98], ein Vorgang der

---

[96] *Waldstein,* Ins Herz geschrieben, 2010, 11ff

[97] Eingehend z.B. *Wilson,* Is Kelsen Really a Kantian ?, in Tur/Twining (Fn. 23), 49

[98] Hierzu muss man sich vergegenwärtigen, dass der ‚Sprung' von der deutschen bzw österreichischen Rechtsordnung zu denjenigen der angelsächsischen Welt ein ungleich weiterer ist, als z.B. derjenige zum französischen oder italienischen usw. Recht. Das liegt daran, dass in England keine Rezeption des römischen

wiederum zu Verlusten hinsichtlich der Schärfe der Terminologie führen kann, um vom sprachlichen Problem an sich zu schweigen und von denen der Rückübersetzungen aus dem Amerikanischen ins Deutsche erst recht. Alles dies ist nicht ohne Folgen und führt zu Texten, denen eine absolute terminologische Schärfe abgeht. Das aber lässt es problematisch erscheinen, eine Aussage *Kelsens* aufgrund ihrer sprachlichen Fassung als Beleg für eine bestimmte (rechts-) philosophische Position zu nehmen, ihn sozusagen an seiner Formulierung festzuhalten, und hieraus Schlüsse zu ziehen, die ihr Urheber expressis verbis nicht gezogen hat. Die bisher herangezogene textliche Grundlage scheint uns die Argumentation Waldsteins noch nicht hinreichend absichern können.

2. Das zeitgeschichtliche Interesse an der Diskussion

a) Zur Interpretation des Hintergrundes: Der anti-römische Affekt

Nehmen wir nun diesen zweiten Faden wieder auf. Wir konnten konstatieren, dass die These *Waldsteins* jenseits der Frage, ob sie definitiv überzeugt und man ihr deshalb folgen will, jedenfalls eine plausible und gut begründbare ist. Dann aber macht es nachdenklich, wenn sie in einer Zeitschrift von unbestrittenem Renommée von einem ebenso renommierten Autor *Dreier* als Ausdruck eines „kruden Rechtsnaturalismus“ bezeichnet und damit abqualifiziert wird[99]. Gewiss: Die Zeiten sind vorbei, in denen man für Äußerungen und Positionen, die der christlichen Religion zugeordnet werden, ohne weiteres auf Wohlwollen rechnen konnte, oder doch wenigstens auf freundliches Desinteresse. Seit jeher gibt es den anti-römischen Affekt[100]. In seinem Kern dürfte er dadurch charakterisiert sein, dass Aussagen, die, kämen sie von einer noch so randständigen und irrelevanten Gruppierung, ohne weiteres in der öffentlichen Diskussion akzeptiert würden, deshalb, weil sie von der Kirche kommen, erregte, mit einem

Rechts stattgefunden hat, während den kontinentalen Rechtsordnungen dieser Vorfahre gemeinsam ist.

[99] Fn. 6 , S. 1152.

[100] „Es gibt einen anti-römischen Affekt“ ist der berühmte Einleitungssatz der im Jahre 1923 erschienenen Schrift des gleichermaßen bedeutenden wie umstrittenen Staatsrechtlers *Carl Schmitt*.

gewissen Automatismus ablehnende Reaktionen auslösen. Nunmehr scheint man auch unter ernstzunehmenden Akteuren mit diesem Affekt rechnen zu müssen. Jüngst hat Kardinal Meisner hierfür den Ausdruck ‚Katholikenphobie' verwendet[101]. Das Bemerkenswerte ist also, welche Kreise zu erfassen sie im Begriff steht. In Abschn. I.3 hatte es noch einer gewissen Analyse bedurft um herauszufinden, dass im Rahmen des Positivismus eine anti-naturrechtliche Sichtweise wirksam ist, die durch dessen eigentliches Anliegen nicht mehr zwingend geboten ist. Aber von einer Katholikenphobie konnte dort keine Rede sein, auch schon deshalb nicht, weil *Kelsen* sich mit dem Standpunkt des Naturrechts auseinandersetzt. Anscheinend hat dies nun auch in der Wissenschaft anders geworden.

b) Zur Interpretation des Hintergrundes: eine Hypothese

Ein weiterer, gänzlich anderer zeitgeschichtlicher Aspekt bleibt zu kurz darzustellen: Dass eine Umdeutung der Lehre *Kelsens*, des Jahrhundertjuristen, Angriffsflächen bieten würde und das Zeug dazu hat, einen veritablen Streit zu eröffnen, ist evident und war erwartbar. Dass solche Angriffsflächen tunlichst zu vermeiden sind[102], gehört zum Alltagswissen eines Jeden, der einmal an prominenter Stelle zu haltende Reden zu entwerfen hatte. Man hat sie zu vermeiden, wenn sie vermeidbar sind, und wir haben oben dargelegt (I. 2), dass sie es hier waren, denn der biographische Umstand, der in der Annahme einer Wende in *Kelsens* Denken liegt, ist – bezogen auf das Anliegen der Rede - ein Nebenkriegsschauplatz. Das Sein/Sollens-Problem war ohne weiteres losgelöst von ihm darstellbar. Unter diesem Aspekt betrachtet besteht das eigentliche Phänomen deshalb darin, dass die Rede *Benedikts XVI.* dessen ungeachtet geradezu ungebremst auf diesen Nebenkriegsschauplatz zusteuerte. Denn dass die Bemerkung, *Kelsen* sei von seiner Position abgewichen, eine Reihe von Gegenäußerungen auf den Plan ruft, kann nach alledem, insbesondere im Hinblick auf die Verwurzelung der Sein/Sollens-Problematik in dem Wissenschaftsideal der reinen Rechtslehre, nicht

---

[101] Lt. FAZ vom 9.2.2013 S. 4.

[102] Übertragen in die Lehren der klassischen Rhetorik handelt es sich um eine Variante der captatio benevolentiae, freilich im negativen Sinne: Man verscherzt sich Wohlwollen.

verwundern. Das nährt auch hier den Verdacht, der im Zusammenhang mit der Resignation des Heiligen Vaters bisweilen offen geäußert wurde[103], dass „Kräfte in und um die Kurie ... den Papst psychisch zermürben wollen." Hierin bestünde ein weiterer zeitgeschichtlicher Ertrag unserer Überlegungen. Natürlich bleiben diese Überlegungen Spekulation.

[103] Etwa *Daniel Deckers*, Der Mitarbeiter der Wahrheit, FAZ v. 12.2.2013, S. 5